男人来自火星 女人来自金星2

[美] 约翰·格雷JOHN GRAY◎著
刘增莉◎译

吉林文史出版社

目录

第3章 高级卧室技巧/43

第4章 女人是月亮，男人是太阳/73

第5章 性爱快餐/87

第6章 火星人追求男欢，金星人追求女爱/105

第 7 章　点燃她的火，点燃他的火 127

第 8 章　男人惯性，女人随性 / 149

第 9 章　浪漫一生，幸福一生 / 167

序 言

男人为性而爱，女人为爱而性。

很多时候，我们的伴侣似乎来自于不同的星球，他就像来自于火星，她就像来自于金星。

火星人是蓝色的，喜欢冷静和沉默；金星人是粉色的，喜欢表达和倾诉。

火星人重视力量、效率、成就；金星人重视沟通和交流，喜欢分享和共鸣。

火星人注重性爱的快乐，金星人注重爱情的浪漫。

火星人好比喷灯，激情和兴趣来势凶猛，去势匆匆；金星人则如火炉，看似温吞之水，却会愈演愈烈。

火星人就像橡皮筋，即使深爱对方，也会周期性地逃避，疏远之后是更加的亲近；金星人则像波浪，诸事顺遂，很快就会到达“波峰”；倘若遇挫，她会迅速降至“波谷”。

……

火星人和金星人的不同源自基因的差异。从基因角度看，火星男人和金星女人的基因差异水平达到了1%左右。可别小瞧了这1%，人类同大猩猩的基因差异仅仅是1.5%。

火星人和金星人的大脑差异同样非常大。火星人的大脑需要多巴胺，一种能够带来能力和动力的化学物质；金星人的大脑需要血清素，它可以放松人们的心情。这就解释了火星男人对体育运动、动作电影和危险活动的偏好，而金星女人则喜欢静静地呆在那儿，抒发抑郁的情感。

火星人和金星人体内的激素也大不相同。男性荷尔蒙产生后，会迅速到达高潮并挥发出来；而对于女性来说，释放的过程要慢一些，高潮之后保留的时间要长久一些！

……

以上差异决定了火星人和金星人各个方面都格格不入，恋爱、婚姻、生活、性爱等。可惜，人们似乎还没意识到男女之间的差别会如此之大，尤其是性爱方面。

男人需要性，女人需要爱

我们知道：男人注重性，女人看重爱。但是很少有人知道其中的缘由。如果不深入了解男女之间的根本差异，女人常常会低估性对男人的重要意义，并由此断定男人是如此肤浅，只想要性。男人则会忽视女人的感受，无法满足女人对爱的渴求。

如果女人有了更深入的理解，她就会懂得为什么对大多数男人来说，性是帮助他们唤醒爱情的关键。男人一整天都会集中精力从事工作，工作的繁忙和事业的压力可能让他忽略了爱情的滋味。这时候，性的强烈刺激可以帮助他找回感觉。通过性爱，男人打开了心扉；通过性爱，男人有机会最大地给予和接受爱情。

男人接纳女人的爱情之前，需要性的刺激——包括女人的美貌、身材和性感。正如女人先要爱，然后才做爱一样，男人先要性的刺激，然后才有爱的冲动。女人可以通过其他的方式去爱一个男人，但若想真正触及男人的灵魂，让男人义无反顾，最有力的方法就是完美的性爱。

女人为爱而性。在性爱之前，女人首先需要精神的满足，需要同她的性伴侣交流爱情。男人经常会误解女人对浪漫爱情的真正需求，认为女人在遏制自己的性欲。男人想要性爱的时候，女人总是没在情绪上准备好。这样，男人就会错误地认为自己遭到了拒绝。他不能本能地意识到，一个女人在性爱的冲动到来之前，首先需要的是爱情的感觉和浪漫的味道。

女人像男人一样喜欢性爱，有时甚至比男人还要强烈。但是，对于女人来说，爱是性的基础，爱是性的“入场券”，只有当女人的情感需求得到满足后，她对性爱的需求才会更强烈。

性爱让男人更男人，女人更女人

夫妻间难免会出现一些问题，完美的性爱无异于一剂良

药，可以增加夫妻情感的免疫力，进而解决这些问题。如何才能让性爱完美呢？首先是两个人的互相爱慕、交流与沟通。当交流与沟通奏效后，你就能对本书中的所有性爱技巧运用自如了，性爱的质量也会越来越高。

完美的性爱是打开男人心扉的法宝，是帮助男人感受爱情的法宝，也是男人向女人表达爱意的法宝。完美的性爱融化了女人的心，帮助她彻底放松下来，心安理得地接受男人对她的支持。不知不觉中，女人感觉上的这种柔和帮助她提高了交流的技巧，使她的伴侣可以静心聆听，而不必警惕万分。这种交流技巧的提高自然而然成为保持性爱激情的基础。

通过完美的性爱，男人开始感觉到更多爱情的滋润。而女人呢，也因此重新找到了失去的爱情。尝到了这样的甜头，两个人的交流就会自然而然地多起来，也会更加亲密无间。

为了最有效地解决两性关系的问题，使两人的亲密关系更加持久，我建议你看一下我其他的书籍：《男人来自火星，女人来自金星》、《男人约会往北，女人约会往南》和《火星人的秘密食谱，金星人的健康法则》。然而，有时候调整一段关系最有效的方法，首先是学会和谐性爱的卧室技巧。一言以蔽之，完美的性爱可以让男人更男人，女人更女人。

女人先放松，男人后放松

如今，女人对性爱的期望值越来越高。对我们母亲那一辈的人来说，性爱仅仅是女人满足丈夫的一种责任，而不是为自己所做的事。现在，我们有了更有效、更可靠的办法来控制生育，社会也更容易接受女人对性爱的需求与渴望。女人终于可以尽享鱼水之欢了。

虽然男人和女人都需要性爱，但大多数情况下，来自火星的男人与来自金星的女人在性爱上却存在较大的差异。性爱之时，女人喜欢先温存一番，然后慢慢进入狂野的状态。这是女人享受性爱的方式。对于这一点，男人一般很难理解。男人只有达到性高潮后，才会放松下来。而大多数女人在尽享性爱之前，需要先放松下来。

女人在性爱中就像月亮一样，阴晴圆缺不停地变化。有时候，尽管自己的爱人发挥得非常棒，女人还是无法达到高潮。不仅如此，有时女人甚至不愿意达到高潮。男人无法从本能上理解女人的这一点，因为男人不像月亮，而像太阳。每天早晨，太阳都会微笑着升起。当一个男人充满欲望时，他想要性高潮，并且有能力满足自己的欲望，而女人可能喜欢性爱的亲密，却不想要高潮。当她不感兴趣或者没有高潮的时候，男人会误以为自己做错了什么。

不管怎么样，如果一个男人想要给他的伴侣带来她所需要的和谐性爱，一定需要高级的卧室技巧。几个世纪以来，男人和女人所使用的传统卧室技巧已经过时了。对男人来说，只用自己的方法对待女人是远远不够的，女人想得到更多，女人还想要性高潮。为此，男人必须学会女人喜欢的方法。

十分常见的一种情况是，结婚几年后，夫妻中的一方不再需要性爱。虽然他/她觉得对方只是失去了对性爱的兴趣，但是，真正的原因在于他/她在某种情况下不能满足伴侣的性爱需求。通过本书，我们将从细节上讨论这些不同的需求。

很多时候，男人和女人并没清楚地意识到他们的需求是什么以及怎样满足这些需求。男人感觉他在性爱中越来越被动，而女人再也感受不到浪漫和温情。女人并不认为没有积极的性生活会给男人带来消极的影响。同样，男人也不认为女人要依靠浪漫和交流来打开心扉，调动自己的性爱情绪。问题随之产生，男人的主动示爱多次受拒后就会变主动为被动，性欲会逐渐减弱，直至消失。

令人惊奇的是，在我研讨会的休息时间，几乎都是女人在向我请教，告诉我她的丈夫已经失去了对性爱的兴趣。当然了，男人对性爱的需求比他的伴侣强烈应该是很正常的事情。不管男女中的哪一方失去了“性”趣，都可以通过高级

卧室技巧重新燃起两个人的激情之火。

有一个最简单、却最有效的方法，让夫妻重温初恋般的激情：从家里逃出来吧，带着伴侣，到酒店度过一个浪漫的夜晚。新的环境越浪漫，就越能重燃两个人的激情。

浪漫把女人置于特殊的、被呵护的女性角色中。创造浪漫的爱情让男人学会了理解和尊重女人。浪漫的行为让女人变得更加美丽，让男人变得更加男人。

如何阅读本书

现在，很多书都在描述性爱的技巧，而本书讲述的是保证你能付诸实践的性爱技巧。新的沟通与交流，让你学会怎样在保证你和你的伴侣都满意的前提下开始性爱。此外，我们还对男人和女人心理方面的差异展开研究，让你明白为什么本书最适合你的伴侣。

大多数书都侧重于男人和女人的生理需求，而很少深入到人的内心世界和心理需求中。本书从身体和精神两方面探讨性生活如何达到完美与和谐。男人会因为女人的理解而心存感激，女人自己也会在卧室内外变得更加快乐。我收到过很多夫妻在听过我的研讨会后写来的信，说他们现在又找回了曾经有过的和谐性爱。他们之中有些人仅仅结婚几年，而有些已经结婚三十几年了。

这本书没有太多的技术，还算比较有趣。我个人倾向于把本书中的很多章节写的简短一些，这样你可以随时把书放到一边，尽享这些新的卧室技巧所带来的快乐。

如果一个女人建议男人读这本书的话，很重要的一点就是不要直接告诉男人他需要这本书，或者她想要改善他们之间的性生活。对男人来说，这样可能太过严肃，并隐含了这样的信息：他还不够好或者他需要提高。这样，男人很容易有被侮辱的感觉。

相反，女人应当说："我们一起来看看这本关于性爱的书吧。它真的很有趣。"或者说："这真的是一本很性感的书，我们轮流看看吧。"如果男人看到女人想要跟自己一起尝试新鲜事物，他会给予更积极的响应。

当一个男人想要女人读这本书时，他也应该使用同样的方法，并且不要坚持。如果女人拒绝的话，男人可以自己看这本书，并尝试这些新的技巧。男人成功地运用这些技巧后，女人将更愿意看这本书。

不管在哪种情况下，如果你的伴侣拒绝，那么，很优雅地说一声"好的"，然后自己看。最后，男人看到女人正在为两人的和谐性爱努力的话，男人也会对本书产生兴趣。同样，男人开始将这些新的技巧运用到性生活中，女人也会想要跟男人一起分享这本书。

如果你的伴侣看上去对本书似乎不感兴趣，你可以把书

放在卧室，或者放在浴室中。好奇心将驱使他/她翻阅这本书，而不需要你做什么。

和你的伴侣一起大声地读，会帮助你以一种简单的方式表达对性爱的感觉。当读到某段文章时，一声简单热情的召唤，或者喜悦之声，都会给你的伴侣传达一种重要的信息。以这种积极的方式，你可以和伴侣分享一些观点，而不用担心它们可能很刺耳，给人一种强迫的感觉。我们往往更容易接受印刷出来的道理。

另一种方法就是单独看这本书，然后开始使用书中的方法。事实上，如果双方能一起大声读这本书，或者至少读他们喜欢的部分的话，将更好地改善他们之间的交流和沟通。

情绪是这样造就的

一个女人曾经多次吞吞吐吐地向我描述了她在性爱中喜欢的东西，她不希望伴侣只是机械地听从她的指令。学习各种各样的性爱技巧肯定能给男人和女人带来更多全新的体验。这种新奇感使夫妇得以重新体会激情的味道。本书的目的不仅在于教育，还要激发人们的热情和灵感。

很多男人告诉我,他们早就知道我所谈的性爱。那么，以这样一种积极的方式不断回顾它，难道不是很棒的一件事情

吗？

我建议，在尝试了这些新的方法之后，夫妻间要继续彼此偏爱的谈话。有些技巧和方法可能很吸引你，但不见得会对你的伴侣奏效。很多情况中，随着时间的推移，你的伴侣可能会有所改变，开始喜欢某种东西，对其他的东西毫无兴趣。

重要的一点是，永远不要做让你的伴侣感到不舒服的事，也不要做他/她不想要的事。性爱是男女双方深爱彼此时给予对方的最珍贵的礼物。

最好的方式就是理解这些信息，然后就像在自助餐上挑选食物一样，喜欢什么，就用什么。羊羹虽美，众口难调。如果你的伴侣不喜欢马铃薯的话，就永远不要劝说他/她相信马铃薯有多好吃。同样，如果你不喜欢马铃薯，但他/她喜欢的话，也不要就此妄下结论。

性爱和激情随着时间的流逝而不断增长，重要的是，我们感觉到不会因为自己的愿望而受到批评。我们应该以一种非审判的心态，寻求完美的性爱。

你们可能天生就了解这本书中的很多内容，那么就把这本书当作一个备忘录吧。我个人已经从这本书中获益匪浅了。成千上万接受我忠告的人，或者参加我研讨会的人也从中汲取了不少养分。我希望你们能喜欢这本书，并在休息时间尽情享受它所带来的快乐。

完美的性爱是上帝赐予忠于爱情的人们的礼物。完美的性爱就是对你的奖励，你值得拥有。

约翰·格雷

美国加州磨坊谷

第1章

Mars and Venus in the Bedroom

男人为性而爱，女人为爱而性

男人来自火星，女人来自金星。来自火星的男人重视力量、能力和效率，他们目标明确；来自金星的女人喜欢沟通和交流，她们重视自己的感受，天生就具有浪慢的情怀。男人和女人在许多方面都存在着差异，他们应该彼此尊重对方的差异，男人不要以男人的眼光去理解女人，女人也不要以女人的眼光去看待男人。记住，男人和女人是不一样的。

女人喜欢的，男人往往不能理解

男女之间要和谐相处，最重要的一点就是要记住彼此的不同：男人是男人，女人是女人。女人喜欢的，男人往往不能理解；相反，男人喜欢的，女人也不能理解。

一个星期天的下午，我陪妻子邦妮去看《廊桥遗梦》。电影院座无虚席，密密麻麻坐满了女人，除了我以外，另外还有两个男人。电影开场才几分钟，就听见一片窸窸窣窣的声音，这是女人们打开手提袋在找纸巾。对电影院里的女人们来说，这部电影俨然就是一场爱的盛宴。

我本来也是兴致盎然。伊斯特伍德一贯以硬汉形象著称，是火星人中的佼佼者，他怎么也不会让我们这些火星兄弟失望吧。可是，电影一开始就让我疲惫，没有打斗场面，只有没完没了的对话。我的眼皮变得越来越沉重。

我环顾四周，发现所有的女人都全神贯注，正襟危

坐。对这些女人来说，精彩场面正层出不穷。她们正在揣测他会说些什么？她又会怎么回答？她会怎么想？他又会怎么想？她的丈夫会怎么想？她对她的丈夫有什么感觉？她会离开自己的丈夫吗？伊斯特伍德会为她留下吗？他会最终安定下来吗？她怕的是什么？他又怕的是什么？她能医治他受伤的心灵吗？她之前的生活是什么样的？他离开后她的生活又会是什么样？如果他们接吻对她的婚姻会有什么影响？他想不想吻她？他是否会采取主动，还是她会采取主动？这些悬念令金星人十分兴奋……我看了看另外两个男人，他们也睡着了。

对女人来说电影无比精彩，对男人来说却索然无味。后来，我努力挣扎着想保持清醒，突然间我恢复了精神。就好像是刚吃了一个冰激凌，或是喝了一杯浓咖啡，我的精神又全部回来了。发生了什么事？荧屏上终于出现了一点什么，伊斯特伍德驾驶着他的卡车，驶上了廊桥。但是接下来什么也没有发生，于是疲惫感又再度袭来。

一次讨论会上，在我讲完这个故事之后，一个男人走了上来。他告诉我，他也有同样的经历，不过还有一点，“在我看到伊斯特伍德钻进卡车的时候，我也马上振作起来。但是等他到了廊桥的时候，居然没有把它给炸了。”

所有的人哄堂大笑，我完全理解他的说法。因为火星男人喜欢的是力量、速度和成就。《廊桥遗梦》提供的却是情

感的沟通和交流，而这些都是金星女人所热衷的。

最能体现男人与女人差异的莫过于逛商场的体验。男人在购物时会非常有目的性。如果要买短裤，他们就会在最短的时间内拿了短裤就走人。如果他们的目标是短裤，他们就不会想到去搭配衬衫和鞋子。女人逛商场的时候却不一样，她们本来是要买一种东西，但是却会同时买上各种各样的其他东西。她们不仅会为自己搜寻和发现更多的东西，而且还会为其他人也买上一大堆。她们更多的是享受购物的过程，而不是购物的目的。一言蔽之，女人不以目标和结果为终极，她更关心情感交流的过程，她愿意以此来展示自己的爱。而男人则往往带有强烈的动机和明确的目的。他们喜欢将时间和精力节省下来，直奔他的主题。

每时每刻，都有千百万人在寻找生命的“另一半”，品味爱情中妙不可言的感觉。同样，每时每刻，许许多多曾经相爱的人，他们却在悲伤和痛苦中劳燕分飞——他们不再相爱，貌合神离地生活在一起，带给他们的只有烦恼和伤悲。在恋爱的人群中，能够将爱情进行到底者，其实并不多见。据粗略统计，只有50%的人能最终白头偕老。而在这50%的人中，至少有一半以上的人，对伴侣缺乏忠诚，也无所谓爱。世上只有极少数人将爱情演绎得淋漓尽致，将生命与伴侣牢牢地结合在一起，直至走完生命的旅程。他们与众不同的地方，就是尊重彼此的差异，接纳对方的一切品质。正因如此，爱情女神才翩翩而至，并永远地眷顾他们。

所以，惟有尊重男人和女人的不同，才能了解对方内心的渴望，才能享受爱情的枝繁叶茂，开花结果。一言以蔽之，你应当知道：怎样赢得爱？怎样让爱人因你而快乐和幸福？你要永远铭记：男人来自火星，女人来自金星。

火星人的性与金星人的爱

男人和女人是不同的，他们的情感需求不同，他们看问题的角度不同，他们表达自己的方式不同……在这许许多多的不同中，最大的不同就是对待性爱的不同。

虽然男人和女人都需要性爱，但他们各自又存在着许多差异。我们只有了解了这些差异，才能弄懂对方的需求和喜好，也才能真正地满足对方，享受完美和谐的性爱。倘若忽视了彼此的差异，男人一味按照男人的方式行事，女人一味按照女人的方式行事，那么，性爱就会失去它应有的魅力。长期下去，婚姻就将陷入僵局。

和谐的性爱美妙无比，那种感觉就像在繁重的工作之后体会一次惬意的旅行；就像在明媚的春天漫步于小树林；就像攀登到山顶之后难以言表的愉悦。不过，和谐性爱给我们的远不止这些，它还可以使我们的身体和精神都焕然一新。它以一种最原始的方式照亮了我们的爱情，加强了男女之间

的关系。

和谐性爱不仅是两个人关系融洽的标志，它还能使我们的内心充满爱意，足以满足我们所有的精神需求。钟情的性爱、热情的性爱、肉欲的性爱、长期的性爱、短期的性爱、快速的性爱、精致的性爱、嬉戏的性爱、温柔的性爱、粗鲁的性爱、柔和的性爱、机械的性爱、浪漫的性爱、有目的的性爱、情色的性爱、新奇的性爱、冷酷的性爱和疯狂的性爱等等，正是它们在保持着爱情之火生生不息。性爱是否完美，绝对是两个人能否长期生活在一起的关键，切切不要幻想保持一种有爱无性的生活，无论男人还是女人在对性的需要这一点上，都是完全一致的。

完美的性爱可以彻底融化一个女人，让她从灵魂深处敞开心扉，感受爱情，并铭记于心。男人灵巧和会意的爱抚，可以让女人爱情的活力通过触摸的感觉不断升腾。女人会毫不犹豫地相信：她对他来说是最重要的。男人的热情和投入能满足女人内心对爱的渴望。即使两个人刚刚发生过争吵，紧张的气氛笼罩了整个家庭，只要通过完美的性爱，一切不和谐的乌云都会烟消云散，女人会再一次被她自身的归属感所征服。完美的性爱，让女人在爱与被爱的热情中得到最大限度的要求和满足。

完美的性爱可以将男人潜藏的成就感引爆，也可以将男人从挫败感中解放出来，让他对任何事都充满激情和信心，

包括重新构筑两人的关系。男人以和谐性爱这种最原始、最直接的方式，品尝自己努力的成果。女人肉体的满足就是男人精神的胜利。女人的激情和喘息，激活了男人征服和占有的神经。天堂之门打开，男人肆意地飞翔。通过女人的满足，男人能够感觉到她是那么感激自己的印记和爱情。男人有时会像鸵鸟一样，将自己藏起来，但当他回到自己的世界后，会发现曾经表现出来的那种对爱情的渴望仍然深深地埋在女人心中。

完美的性爱可以剪辑生活中温情的片断，让男人和女人在一生中随时回忆。这种回忆能够促使人的大脑和身体分泌一种化学物质，使他和她最大限度地取悦对方、满足对方、爱恋对方。同时，和谐性爱还能加深彼此的吸引力，激发爱的能量，甚至能够改善我们的健康状况。它不仅能迸发出活力的火花，还带给我们美感、归属感以及对彼此和整个世界的欣赏与感激。

完美的性爱是上帝赐给那些努力经营爱情的人们的特别礼物。

爱情比友谊丰富的重要原因就是性爱。完美的性爱可以抚慰一个女人，使她尽展自己成熟的风韵，它也可以让一个男人更有男子汉气概。性爱潜藏着巨大的力量，可以使我们亲密无间，也可以无情地把我们分开。

想达到性爱的完美，仅仅依靠本能和习惯是远远不够

的。随着时间的推移，人们性爱的质量问题变得越来越突出。麻烦的是，这种感觉的变化细微得让人无从察觉，性爱仿佛因为习惯而逐渐变成了习惯。就像例行公事一样索然无味。为了在床上照顾好我们的伴侣，就迫切需要一些新的技巧。

男人和女人对性爱的要求是不同的，如果没有完全明白其中的差别，早晚有一天，性爱就会变得像洗脸刷牙一般——需要却索然无味。相信我，只要你愿意了解和掌握完美的性爱，并为此做一些小小的改变，这种局面就会彻底改观。

> 男人和女人对性爱的要求是不同的，如果没有完全明白其中的差别，早晚有一天，性爱就会变得像洗脸刷牙一般——需要却索然无味。

女人为爱而性

性爱的完美首先是态度的完美，他和她都要对性爱充满积极态度。如果男人感觉伴侣同自己一样喜欢性爱，就会非常迷恋她。很多时候，男人沉浸在性幻想里，而不愿和自己的伴侣有性行为，因为他错误地认为自己的伴侣对性并不感兴趣。如果不能理解男女对性爱的不同感受，这种情况很容易发生。

女人像男人一样喜欢性爱。有所不同的是，女人只有在爱情的前提下，才能感觉到对性的强烈渴望。所以，女人要首先感觉到男人对她的爱，感觉到男人疼爱自己的与众不同的方式，然后她的性爱之门才会相继打开。女人同男人一样渴望性，这种感觉有时甚至比男人还要强烈。但是，对于女人来说，爱是性的基础，只有在爱情的需要得到满足后，性的重要性才会显现出来。

对于女人来说，爱是性的基础，只有在爱情的需要得到满足后，性的重要性才会显现出来。

女人同男人一样喜欢性。但是，女人需要先感觉到爱，然后才能有性的冲动和狂热。即使女人心里仅仅有一点儿可能被爱的感觉，她内心对性的渴望也会蠢蠢欲动。一般来说，男人唤醒性的欲望只是需要机会和地点。恋爱开始后，男人的性欲觉醒得比女人更自动，也更迅速。

男女之间的这种差异在生理上是有所反映的。男性荷尔蒙产生后，就会迅速在高潮后释放出来。而对女人来说，释放的过程要慢一些，并且在高潮后保留的时间也更长久。

女人需要一个相对缓慢的过程来唤醒性冲动。当她感觉到温暖、情色和吸引力之后，才渴望得到性刺激。她迷恋上一个男人后，可能要花上几天的时间，才开始希望性爱。女人需要一个相对缓慢的过程来唤醒性冲动。男人很难理解女

人的这种需求，他们甚至可以将性行为和吸一支烟同等对待。男人有了性的欲望后，需要马上付诸行动。等上几天就会大大抑制男人的欲望。女人却不是这个样子的，她们在性爱前需要更多的温存。

当妻子出差回家后，丈夫想要马上做爱，而妻子则希望两个人先聊聊天，缓缓勾起自己对性的冲动。如果不能理解男女之间的这种差异，男人很容易感到无端被抛弃了，而女人则会有被利用的感觉。

通常在男女刚认识的时候，男人明白女人需要时间培养性爱的感觉。但是，当他们发生了性关系之后，男人往往会停止对情感的滋润。但事实上，女人在性爱之前仍然需要情感的慰藉。我们可以作一个很恰当的比喻：对女人而言，爱是性的“入场券”。因为男人对情感的需求相对较少，所以丈夫很难理解妻子的情感需求。

男人为性而爱

> 正如女人先要爱，然后才做爱一样，男人先要性的刺激，然后才有爱的冲动。

通常，女人认为男人只想要那事——做爱。事实上，男人的目的却是爱情。和女人一样，他们对爱情充满了期盼。然而，

在男人接纳女人的爱情之前，他需要性的刺激——包括女人的美貌、身材和性感。正如女人先要爱，然后才做爱一样，男人先要性的刺激，然后才有爱的冲动。

女人在渴望性爱之前，首先需要精神的满足；而男人则恰恰相反，他们在享受性爱的过程中，逐渐满足情感的需要。

女人在这一点上不懂男人。为什么要急着做爱呢？其中的一个原因，就是他能通过性找到爱的感觉。男人一整天都会集中精力从事工作，工作的繁忙和事业的压力可能让他忽略了爱情的滋味。这时候，性的强烈刺激可以帮助他找回感觉。通过性爱，男人打开他的心；通过性爱，男人有机会最大地给予和接受爱情。

男人为性而爱，女人为爱而性。

一个女人开始理解这种差异的时候，她对性爱的看法就会发生变化。这意味着她开始尝试理解，不再觉得男人对性爱的渴望是粗鲁的，与爱毫不相关。这样，她对男人以性为先导的感觉可能将产生戏剧性的变化。

男人需要通过性来感觉爱。几千年来，不断进化的结果，男人学会了抑制自己的感受和情绪，以适应他们保护者和提供者的天职。大多数男人认为，完成工作比花时间解释感觉更为重要，更多的感觉和感情只会阻碍他们达成目的的意志。男人的天职和本性决定了他需要通过性来感觉爱。

在茹毛饮血的时代，男人投入到野蛮的战斗中，必须把他们的感受放到一边。为了养活他的族人，保护他的族人，男人不得不随时接受死亡的挑战，也要常常忍受酷暑和严寒的折磨。在适应生存要求的过程中，男人渐渐变得麻木。事实上，这种差别戏剧性的表现在皮肤的敏感性上，女人的皮肤比男人的皮肤要敏感10倍。

为了抵抗疼痛，大自然让男人学会了关闭自己的感觉。然而，男人不再感到疼痛的同时，也失去了对幸福与爱情的敏感。对多数男人来说，用锤子敲手指或者看一场足球比赛根本无法让他们重新敏感起来，性爱却能，并且性爱绝对能使男人获得最敏感的体会。性爱让男人重新学会感觉。当男人的感觉被唤醒后，他再度发现了隐藏在内心深处的爱情。通过性爱，男人重新获得感觉；通过感觉，男人再次回到灵魂深处。

为什么女人无法理解

男人来自火星，女人来自金星，火星男人与金星女人对性爱的感觉是完全不同的，但遗憾的是男人和女人似乎很难意识到这一点，他们按照各自的感觉来认识对方。女人首先需要安全感。如果女人觉得在恋爱中有被呵护的感觉，她会感觉很幸福，并且也会激发她内心的爱。当女人的情感需求

以这样的方式得到满足后，她对性爱的需求才开始变得更加强烈。

如果情侣之间没有交流，或者，男人已经冷淡她好几天了，这时候男人想要性爱，女人就会感到很迷惑。女人会觉得男人似乎不在意他们之间的情感沟通。女人不知道，男人开始渴望性爱是因为他想要重温爱情和分享爱情。正如沟通和交流对女人很重要一样，性爱对男人也很重要。

女人对性爱的回应，可以让男人衡量出自己被爱的程度。女人要知道，性爱是引导男人爱你的最有力的武器。

妈妈早先告诫我们，“拴住男人的心，先拴住他的胃”，现在，这样的经验早已与时代脱节了。性爱是直抵男人内心的快速通道。

男人需要什么

当男人察觉到自己被女人接受、信任和欣赏的时候，他是最有男子汉气概的。女人的情绪调动起来之后，就会最大限度的满足男人的需要。

当女人期望同男人发生关系时，她是最开放、最值得信赖的。女人的这种期望，让男人有完全被接受的感觉，接着，男人会产生感激之情。这种最真切的体验，让男人感受到了自己正在经历的变化。

如果妻子懂得享受性爱，即使丈夫觉得这一天很累，性爱也能让他很快放松下来。表面上看来，是性爱使男人精神十足，但实际上是性爱使男人重新学会了感觉，重新体会到女人的爱情。爱的温润又回来了，而且成为男人身体的一部分。正如一个口渴的人在沙漠徘徊一样，性爱让男人在自己感觉的绿洲中找到了水源。如果妻子懂得享受性爱，即使丈夫觉得这一天很累，性爱也能让他很快放松下来。性爱可以让男人保持强壮，还可以培养自己温柔的性情。男人有技巧地保持性爱的激情，既能体会性爱的快感，又能加深自己和伴侣的相互爱恋。

和谐性爱的秘密

和邦妮结婚五年后，我才明白和谐性爱的秘密。

一次鱼水之欢后，我说：“哇，简直是太棒了！我喜欢它，我喜欢每一个微妙的时刻，就跟我们新婚一样……”

我以为她会点头附和，说些“是啊，太棒了”之类的话。然而，邦妮什么也没有说，看上去有点困惑。

我问她：“你难道不觉得感觉很好吗？”

邦妮很认真地回答道：“比原来好多了。”

我心里突然有种说不出来的滋味。“什么叫好多了？难道原来你一直在隐瞒吗？怎么能说现在好多了呢？难道以前

并不美好吗？”

邦妮接着说：“我们新婚的时候非常棒，但是，当时我们还没有完全了解对方。现在就不同了，你认识一个纯粹的邦妮，你知道我的优点，也知道我的缺点。而你还是喜欢和我在一起，还是喜欢和我做爱。现在我们的性爱，不完全建立在激情的基础上，还有理智的因素，所以说，现在的性爱对我来说更完美了。”

从那时候开始，我意识到她的话的真正含义。和谐性爱的秘密不正是爱情吗？你了解伴侣越多，关系越亲密，你们之间的性爱就会越来越完美。

多年以来，我的性爱经验也在发生变化。但是，直到和邦妮的那次谈话之后，我才开始意识到这一点，也知道我该朝哪个方向努力了。在下一章中，我们将一起探讨怎样不断改善性爱。

第2章

Mars and Venus
in the Bedroom

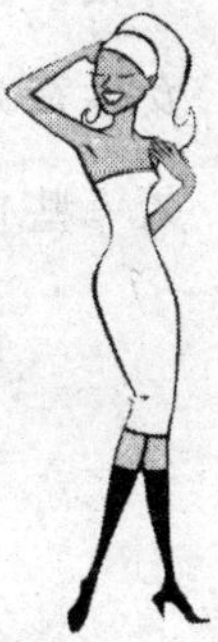

男人如喷灯，女人如火炉

男人来自火星，女人来自金星，火星人和金星人永远存在着这样或那样的差异。在性爱的节奏方面，男人如同喷灯，激情和兴趣来势汹汹，去势匆匆；女人的激情好比火炉，星星之火，却有燎原之势。这与男女两性的荷尔蒙水平有关。男性荷尔蒙产生后，会迅速到达高潮并挥发出来；而女性荷尔蒙释放的过程要慢一些，高潮之后保留的时间要长久一些！

初次性爱的失败

我现在还记得自己第一次性爱失败的情形。我和伴侣谈到了性爱，并感觉到了对方跟自己的步调完全一致。我当时非常兴奋，开始本能地忙活起来，就像尽快打好垒球得分那样激动。第一垒，我亲吻了她；第二垒，我感觉到她兴奋起来；第三垒，我进入了她的身体；接着，我来了个“本垒打”，自己达到了高潮。

达到了自己的终点之后，我发现我们两个人的步调根本不一致，我的伴侣正以另一种方式进行着性爱。她并没有真正进入我的性感地带，只是假装

男人像一盏喷灯，性爱对他来说就是一种喷发，一种释放；女人如火炉，她的欲望需要点燃，需要男人的挑逗。

达到了高潮。

这次失败的经历让我认识到，男人和女人不仅在情感生活中存在巨大的差异，性爱生活的节奏和方式也是完全不同的。男人像一盏喷灯，性爱对他来说就是一种喷发，一种释放；女人如火炉，她的欲望需要点燃，需要男人的挑逗。

男人渴望释放

对男人来说，性爱本质上是一种释放睾丸激素的过程。男人有了性冲动之后，自然而然就想要释放这种冲动。男人渴望自己的敏感部位得到爱抚。他所需要的是帮助自己释放性欲。换句话说，男人寻求释放自己的兴奋。

好色是男人的天性。男人喜欢抚摸女人的身体，喜欢女人身体愉悦的反应。我同妻子进行了多次完美的性爱后，我感觉我已经忘记了邻居家的树有多美了。我走出屋子，大口地呼吸着新鲜的空气，犹如重生。

事实上，工作给了我太大的压力，我几乎无暇去感受，而通过和妻子的和谐性爱，我再次唤醒了那些由于追逐目标而被尘封的感觉。从某种意义上说，完美的性爱帮助我停了下来欣赏路边的花朵。

一个男人的日常生活离自己的感觉越远，他就越发渴望性爱的刺激和高潮。对他来说，性爱不仅是为了体验性的快

感，同时也为了体验爱情的愉悦。

虽然他可能并没有意识到这一点，然而其持久的性渴望，正是他灵魂寻求自身完整的体现。他脑中贫瘠的土地渴望同内心世界一样丰富多彩、美丽富饶。男人爱抚和被爱抚的性需求得到满足之后，感觉的能力也会随之增强。这是因为他自身的感觉苏醒了，大量的欲望得以释放出来。男人可以再度体验快乐、爱情与平静的感觉。

男人达到自己的目标后，才会细心觉察女人愉悦的一面，才开始感觉到自己内心深处对爱情的渴望。如果男人在满足自己欲望的同时，也能满足伴侣的欲望，他会因此而放松下来，享受平静、爱情与欢乐的感觉。

从某种意义上说，男人如果让他的伴侣达到高潮，就觉得自己成功地完成了一项任务，而伴侣的感激和爱恋就是对自己最好的报答。

先让女人达到高潮，男人就可以更好地控制性爱的节奏。女人高潮时，就能最大限度地展示自己的依恋和性感。男人高潮时，则能完全融入女人的情感之中，和她的爱共振共鸣。女人高潮时，就能最大限度地展示自己的依恋和性感。尤其是当男人知道女人得到满足，并且因此心存感激时，男人会彻底发挥自己旺盛的精力。他将品味她的爱情，并巩固对伴侣的忠诚。当男人的心扉在兴奋的高潮中敞开时，他可以感觉到自己刻骨铭心的爱情，他将品味她的爱

情，并巩固对伴侣的忠诚。

女人喜欢挑逗

女人越是热衷于单纯地满足男人的欲望，就越不会关心自己的欲望。她可能会感受到别人的感觉，但却忘记了自己的感觉。

> 女人越是热衷于单纯地满足男人的欲望，就越不会关心自己的欲望。

就像男人淡化了感觉一样，女人也会淡化自己的欲望和期待。日复一日，为生计操劳代替了女人对性爱的渴望。女人承受的压力越大，就越难放松下来，也就越难体会性爱简单的快乐。就像男人淡化爱的感觉一样，女人也会淡化自己的欲望和期待。如果男人很细心地照顾女人，就会把女人解放出来，让她重新燃起欲望的火焰。当女人从伺候男人的压力中解放出来时，也会开始感觉到自己对性的期盼。男人在床上无微不至的关爱，是取悦女人最好的法宝。

一旦女人受到爱的滋润，就会开始有意识地发掘自己的性爱欲望。女人只有得到了这种性爱的满足感之后，才会知道这就是她所需要的。男人有技巧地满足女人的欲望，可以帮助她发现自己的需求，来自女人的渴望也会随之增多。

在和谐性爱的过程中，女人的欲望逐渐增长。起初，她可能只感觉到微弱的性欲，经过男人巧妙的刺激，女人紧张的压力得到释放，随之而来的，就是更强烈的欲望。随着刺激不断地深入，新一轮的欲望爆发出来。通过这种方式，女人可以最强烈地感受到自己渴望释放，这种感觉将成为达到高潮必要的铺垫。

喷灯和火炉其实早已存在

喷灯和火炉的情况并不是性爱中的特有现象，其实早在男人和女人约会的过程中，我们就会发现喷灯和火炉现象的踪影。

男人遇到他的灵魂伴侣，几乎总是立刻就会碰撞出火花，从一开始就深受女人外形的吸引。男人尤其关注女人身体的这些方面：她走路的姿态、她的体型、她的头发、她的笑容、她的眼睛、她的身高、她的腿、她的臀部、她的胸部，然后是她的整个体态。男人会迅速地对女人的身体痴狂，也会很快失去兴致。前一天，她还是漂亮美丽的女人，浑身上下都散发着迷人的光彩，第二天早晨醒来，凑近了一看，才发现她的脚太大了。对女人有更多的了解，男人的热情也许就会消失。他会发现，她似乎也不是那么完美，好像也有哪儿看着不太对劲儿。

说来真是奇怪，体态越性感迷人的女人，就越为男人而烦恼不已。正是由于她们太过性感，使得那些原本对她们并不感兴趣的男人，也会受其外貌与身体的诱惑，常常不假思索地追求她们。尽管被男人关注通常让女人很开心，使她的虚荣得以满足，但拥有太多男人的追求却也成为女人愤恨的源泉。

吉尔抱怨说：“我简直不能再相信我遇到的男人了。一开始，他们都是那么迷人，那么为你着迷，不久以后，他们就逃之夭夭、不知所踪了，你从此再也不会得到他们的消息。”

南希也有同样的疑问：“为什么我遇到的男人都是混蛋？一开始，他们像胶水一样粘着我，然而一夜欢情之后，第二天清晨醒来，就会感觉到——他们急于逃开。有一次，我给一个家伙打电话，他竟然问我为什么要一大早就给他打电话？天哪，我简直不想跟人提起这件事！”

> 男人与女人交往，首先感觉到的便是身体上的吸引，然后才是情感、精神的吸引，而女人首先感到的却是精神的吸引，然后是情感的吸引，第三个层面才是身体上的吸引。

男人与女人交往，首先感觉到的便是身体上的吸引，然后才是情感、精神的吸引，而女人首先感到的却

是精神的吸引，然后是情感的吸引，第三个层面才是身体上的吸引。通过不断地练习鉴别力，女人选择了那些在精神上与情感上都吸引她的男人约会，这时她才开始感觉到伴侣对她身体上的吸引力。现在的她，不仅想要他的思想与心灵，而且，她还需要他的爱抚与触摸。到了这个层面，男人拉着她的手，用强有力的双臂把她拥入怀中，或者低下头吻她，就能引起她强烈的身体冲动。如同处于第一层面的男人极其渴望性欲一样，处于这个层面的女人渴求与他的亲密接触。

男人并不是天生的性爱专家

大多数男人从来都不需要人来教他们怎样做爱，他们是天生的性爱专家，不需要太多的帮助就能兴奋起来。然而，他们只是自身的性爱专家，他们能够以极快的速度调动自己的身体，却不知道如何让女人达到性高潮。这是因为女人对性爱的感觉与男人截然不同。子非鱼也，安知鱼之乐乎？男人不是女人，又怎能知道如何让女人狂野呢？

男人一般很难让女人在床上狂野起来。大多数情况下，男人还以为自己的表演很到位。男人错误地认为能令自己兴奋的动作，必然也能让女人满意。如果女人有所遗憾，男人就会想当然地认为是女人的问题，而没有意识到是自己的技巧不足。男人很难理解男女之间对床第之欢的需求竟是如此

不同。

本能上，男人并不知道女人想要什么。即使男人对此有所耳闻，往往也会很快忘掉。关于性爱的每一首歌和每一本日记都在讲述着同样的情节。女人喜欢在性爱中动作温柔的男人。然而，一旦男人兴奋起来，便不由自主地加快了节奏。男人因为自己渴望加速而想当然地认为女人也渴望加速。男人没有意识到，如果自己适当地缓慢温柔，稍微控制一下自己的话，会给女人带来更大的快感。男人兴奋时的那种刺激只是男人想要的，而非女人所想。

为了营造完美的性爱，男人必须意识到男女之间对性爱需求的差异，而女人则需要帮助男人完全地了解自己对性爱的需求。

其实，男人对女人自以为是的了解又何止是在性爱中。在男女情感需求中，男人和女人有不同的情感需求，但男人却常常无视这一事实，所以不清楚，怎样恰当地给予对方爱。换言之，男人给予女人的爱，只是男人所需要的。男人错误地以为，对方的需求和渴望，与自己完全一致，由此导致的结果，就是双方皆无满足感，彼此心生怨恨。

有时候，男人自以为不乏爱意和温情，可他表达爱的方式却让伴侣难以接受。譬如，倾听过女人的抱怨，男人不失时机地做出判断，给予点评。他想要让对方明白，问题没她想象得严重。男人认为，这是对女人最好的支持。面对女人

的忧愁，男人轻描淡写，认为她小题大做，却根本不了解女人的感受。他想当然地以为，应当给伴侣独处的机会，就像他自己那样，有时需要逃避。这样，女人就会自行摆脱烦恼。遗憾的是，男人打错了算盘。他的想法和做法没给伴侣带来丝毫安慰。女人认为丈夫轻视、忽略和冷落自己，她伤心而失望，气愤难平。

女人需要放松

女人在大多数情况下,喜欢先温存一番，然后再慢慢进入狂野的状态。这是女人享受性爱的方式。如果男人愿意在这上面花点心思，并且开始注重前戏，女人就会迷恋上性爱。

除非在性欲非常强烈的情况下，否则女人更喜欢男人以调情的方式抚摸。女人不喜欢自己的敏感部位得到直接的刺激，这一点与男人有所不同。她们希望男人逐渐被感觉引导到自己渴望被抚摸的部位。

女人需要先放松下来，然后才能慢慢进入性爱的角色。对于这一点，男人一般很难理解。这是因为在这方面的感觉上，女人和男人大相径庭。有时男人只有在达到性高潮后，才会放松下来。而大多数女人在尽情享受性爱之前，需要先放松下来。

在关于性爱的书中，通常会找到这样一条建议：女人在

性爱之前可以先调暗灯光，进行一个长时间的、温暖的泡泡浴。在我意识到男女之间的差异前，几乎无法理解这一点。如果我洗了一个长时间的、温暖的澡，可能就会睡着了。但是现在，我明白女人是在通过这种方式来放松自己。

男人需要放慢

当我同女人探讨她们最想从男人那里得到什么的时候，她们不止一次地告诉我，希望自己的爱人可以放慢手的速度。缓慢的爱抚可以增加女人性的快乐。

男人则不同。直接抚摸会带给他巨大的快感。很多女人并没有意识到这一点，而男人也因为等待了很长时间，却没有得到刺激而变得沮丧。

男人需要练习减缓节奏。当男人学会有意识地给女人带来美妙的刺激时，习惯将演化为一种本能。男人需要记住，想增加女人的快感，就需要推迟直接的刺激。这将花费更长的时间，有时即使花了很长时间似乎也没有任何进展，但最终的效果是女人的快感会更加强烈。

男人怎样才能在性爱中给女人更长时间的温存呢？一个非常有效的做法就是计时。这听上去一点也不浪漫，但是它却非常有效。我建议男人在床头放一块表。这样他在性爱中可以不时地抬头瞥一眼时间。

有一个有趣的现象，男人的性欲激起时，他们对时间判断的误差极大，仿佛与女人处在不同的时区。男人感觉上似乎已经持续爱抚了十到十五分钟，实际上仅仅过了一两分钟而已。

如果真正爱抚了十到十五分钟，男人就可以开始给女人真正需要的刺激了。那时候女人已经被充分调动起来，也就更容易完全接受男人。

激情让爱升华

如果没有激情，性爱就会像做家务一样索然无味。一旦有了激情，丈夫看到并抚摸自己妻子身体的时候，不再因为太熟悉而例行公事。他会变得兴奋起来，性欲也会在体内爆发。与此同时，他也会加深自己对妻子的爱怜，唤醒藏在心中的、对妻子着迷的感觉。这种意识将两个人的性爱激情与快感升华到了一个更高的层面。

女人感受到男人的热情和渴望的同时，也感受到男人希望给自己带来快乐的意愿，她会变得欣喜若狂。同时，女人还意识到性爱是滋润男人、享受爱情的最佳方式。性爱成为女人表达爱情最美妙的方法，也成为女人的一个机会——从性爱的灵魂中接纳男人的爱情。

亲身体会高级卧室技巧之后，男人将更加明白他不仅是

在付出爱情，同时也得到了爱情。男人对女人充满兴趣，不只是为了性爱，更多的是因为他爱她，想更加亲近她。如果女人不为之兴奋，男人就会失去爱的动力。

当爱情出现并持续升温时，性爱是妙不可言的。对一个女人来说，要想满足性爱的需求，必须首先得到情感的支持。因此，男人理解女人这种不同的性爱需求就变得至关重要。

和谐性爱有益于身体健康

当男人享受和谐性爱的时候，任何积怨都很容易一扫而光。对男人来说，和谐性爱比任何一种保健方法都更有效。若想真正体验和谐性爱的话，有时可能需要治疗或者咨询专业人员。但是，一旦他们学会了怎样去体验性爱的完美，并且知道如何保持这种美妙之后，身临其境的男人就找到了继续前进的动力，同时，他鲜活的爱情魔力也得以保存下来。

如果性生活激情不够，男人就很容易忘记如何去爱自己的伴侣。他可能会在欲望中彬彬有礼，从而逐渐失去对爱的冲动，无法重温两个人最初的那种深切联系。

没有完美的性爱，女人的缺点将会在男人的眼中被无限放大。男人不像女人那样，需要交流才能感受切实的爱情，他必须通过完美的性爱来体验。

在两性关系中，良好的沟通是至关重要的，它能引导男人和女人走向性爱的完美。但是，如果一个女人长期无法体验性爱的高潮，她很容易在各种责任的重压下变得冷淡。她觉得不仅要对自己负责，还要对男人负责。她忘记了女性最原始的欲望。如果爱人在性爱上缺乏浪漫情调，她就会觉得自己没必要花时间去考虑这些事情。

有技巧的女人和男人

有技巧的女人总是直接刺激男人最敏感、最能唤起性欲的部位；有技巧的男人则首先刺激女人最不敏感、最不能唤起情欲的部位。

掌握了挑起女人性欲的艺术，男人对激发伴侣的兴奋与快乐就会充满信心。而这种信心本身就足以让女人兴奋。在下一章中，我们将探讨如何增加性信心。

第3章

Mars and Venus in the Bedroom

高级卧室技巧

无论男人还是女人，性信心都是性爱的基本刺激因素。女人会因为男人的信心而兴奋，并且对男人多了几分信任，即使有什么不对劲儿的地方，他也可以灵活处理。男人也会为女人的信心而兴奋，只不过表现不同而已。当男人感觉到女人对自己有信心时，更容易变得兴奋。如果女人的眼睛传递出这样的信息——我相信可以和你共度美好的时光，性爱时男人就不会手忙脚乱。

无论男人还是女人，性信心都是性爱的基本刺激因素。

无论男人还是女人，性信心都是性爱的基本刺激因素。

但是，如果女人看上去太过自信，仿佛性爱尽在掌握，那么，就可能带有蔑视男人的味道了。男人会怀疑自己能否满足她的要求，会怀疑自己能否持续她的高潮频仍。当然，女人对自己有信心是件好事，但是，在性爱中，女人满足男人的能力是通过帮助男人成功地满足自己来体现的。

男人渴望成为女人的英雄

男人都渴望成为女人的英雄，身披铠甲的武士。男人认为，只要女人认可他，就意味着通过了“考试”。女人的认同，意味着她承认男人的品质，不折不扣地表达她的爱。当然，女人未必事事同意男人的观点，却能理解他的想法、言

语、举动、感受的合理性，仅此而已。得到认同，男人便如释重负，也更易认同女人的感受。

男人要尊重女人，体贴女人，当女人对男人的努力表示感谢时，男人就会受到鼓舞，就会更愿意为女人效劳。但是，很多时候，女人的过于殷勤和关心，男人就会感到自尊心受挫，就会有离开这个女人的冲动。

请想象这样的情景：有一位武士，身披金光闪闪的铠甲，穿行于某个乡间。他忽然听见，一个女人发出绝望的呼叫！他整个的神经绷紧了，浑身充满了力量。他拍打胯下的马，奋力疾驰，奔向喊声传来的方向。原来，前面有一座城堡，一位公主正被一条恶龙所困。勇敢的武士拔出宝剑，一下子结果了恶龙的性命。公主感激武士的搭救，爱上了这个勇敢的男人。

城堡的大门打开了，武士受到公主全家人的欢迎。城堡中的人们热烈庆祝，载歌载舞。武士被人们视为真正的英雄。很快，他与公主陷入了热恋中。

一个月后，武士外出旅行，归途中，他远远听见公主高喊救命。原来，又有一条恶龙攻击城堡。武士及时赶到，他迅速拔出宝剑，要把这条恶龙杀掉。

就在这关键时刻，公主从城堡里探出脑袋，高声喊道：“不要使用宝剑！还是用这条绳子吧，我希望你听我的话。绳子比宝剑的威力大！”

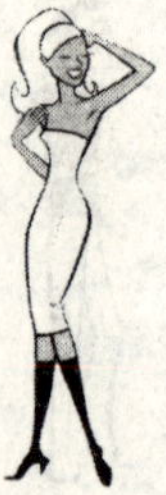

公主把绳子抛给武士。她还比划着动作，告诉武士怎样使用。武士不大情愿，但还是听从了公主的指示。他把绳子套在恶龙的脖子上，用力一拉，恶龙一命呜呼。城堡中的人们欢欣鼓舞！

在欢庆宴会上，武士却闷闷不乐，他觉得受之有愧。他使用的是公主的绳子，而不是他的宝剑，所以不值得如此高规格的赞美和称颂。他心情沮丧，甚至懒得像以往那样，精心地擦亮他的铠甲和宝剑。

又过了一个月，武士再次外出旅行。他携带宝剑离开前，公主千叮咛万嘱咐，提醒他注意安全，还安排他旅途上的所有事项。她还特地让武士带上绳子。在武士返回的路上，一条恶龙再次攻击城堡。只见武士大吼一声，拔出宝剑，冲向敌人。不过，就在接近恶龙的一刹那，他突然迟疑起来。他情不自禁地想到，他或许应该使用绳子，而不是宝剑。正在犹豫的时候，恶龙的口中喷出火焰，烧伤了他的右臂。他强忍疼痛，茫然地抬起头。他看到，公主正从城堡内伸出一只手。

她高声喊道：“使用这包毒药，别再用绳子！还是用毒药毒死它吧！”

公主把毒药扔给武士。武士迅速把毒药掷进恶龙口中，它马上就断了气。人们再一次欢呼雀跃，锣鼓齐鸣，庆祝胜利。可是，武士的心中充满了羞辱感。

一个月后，武士又外出旅行。他和公主告别之际，公主反复叮嘱他务必小心，还要求他带上绳子和毒药。武士不胜其烦，不过，他还是接受了公主的要求。

有一天，他经过一个小镇时，听见一个女人惊恐的喊叫。他循着喊声冲过去，原来又是恶龙在作怪，要吃掉那个手无寸铁的女人。武士义愤填膺，充满了勇气和力量。他相信可以像过去那样，用手中的宝剑将恶龙斩为两段！

不过，当他拔出宝剑，准备与恶龙较量时，不禁踌躇起来：究竟该用宝剑、绳子，还是毒药呢？武士有些不知所措。“如果公主在场，她就会告诉我怎样做！”武士心想。不过，他只是犹豫了片刻。接着，他的脑海里，浮现出在认识公主之前，他依仗宝剑、行走天涯的快感。于是，他终于找回丢失已久的自信。他扔掉了绳子，丢开了毒药，带着钟爱和信任的宝剑，奋勇地冲向恶龙，一下子杀死了它！

全镇的人们欢喜若狂！身披铠甲的武士，再也没有回到公主身边。他居住在小镇里，从此过着自在而幸福的生活。在那里，他还与一位美丽的少女结成伉俪。需要交代一点：在结婚之前，他确信妻子不会吩咐他拿起绳子，或命令他使用毒药。

在每一个男人的心中，都有一个武士，他披着一身光亮的铠甲——这是一个恰如其分的比喻，它反映了男人基本的爱情需求。尽管有时候，男人感激女人的关心和帮助，可女

人过于殷勤，他就会吃不消。这会削弱他的自信，使他急于逃避。

感情中如此，性爱中同样如此。

和性爱交个朋友

我曾经做了九年的禁欲僧人。作为一名僧人，我负责教授学生精神哲学和沉思冥想。到了二十七岁的时候，我的生活发生了实质性的变化。我不再当和尚了。我还俗到红尘世界中。

刚开始我的性知识非常贫乏，因为我曾经是个和尚。我看了很多两性关系的书籍，尽可能多地学点东西。最后，我成了性和心理方面的博士，还和我的伴侣创立了一个工作室，教授性和精神方面的知识。我们一起讨论男人和女人共同追求的完美性爱。在讨论会上，很多人都开放地谈论了如何使性爱变得更美妙。

每个人都在讨论的过程中受益匪浅。虽然我是组织者，但也同样是一名学生。我做了笔记，并在实践中和我的伴侣一起尝试。

交谈的障碍

在性这个话题上，男女之间往往很少交流，即使有，也

是障碍重重。这是因为男人来自火星，女人来自金星，他们有不同的思维和行动方式。

大多数男人没当过和尚，因此，他们不太愿意询问伴侣在性爱中喜欢什么。男人总认为自己应该是一个性爱专家，女人也期望男人拿出专家的表现来。就这样，男人因为自满或者自欺而不愿意尝试改善。女人通常也不会主动告诉男人自己想要什么，因为她不希望性爱一成不变，她希望两个人一起发掘性爱的真谛。

女人常常误以为她没必要主动向伴侣请求，如果一个男人真正爱她，他就应该知道怎么做。在金星上，人人都主动给予支持。任何人无须请求，就可得到他人的支持。人人适应了这一切，甚至可以说，金星人表达爱的方式之一，就是不做请求，给别人主动支持的机会。所以，女人的座右铭就是："爱，就是决不主动请求。"

这是女人的信念和原则。有时候，她甚至有意不做请求，以此考验男人的爱。在女人的眼里，出色而成熟的男人，必能一眼看到她的需要，而且不等她开口，他就会二话不说，不计报酬、马不停蹄地为她效劳。

显然，女人打错了算盘，她的座右铭对男人不适用。男人来自火星。在火星上，想要得到支持，直接开口就是了。在主动支持方面，男人缺乏天然动力。只有对方开口，他才鼎力相助，这让女人难以理解。更让她难以接受的是，即便

她主动请求，也可能因为方式不当，照样遭到冷遇。换句话说，对于她的请求，男人可能不理不睬。但是，如果不予请求，女人得到支持的几率，就更是微乎其微。

此外，女人通常害怕男人知道自己的性需求，她担心男人会轻视她，或者不愿按照她的需求去做。假使女人不得不告诉男人该做什么的时候，也只是挑拣一些与性爱无关的浪漫话题。

女人可能认为如果一个男人真正爱她，他就应该知道怎么做。这种感觉是浪漫的心灵幻想出来的，根本无法营造完美的性爱。

虽然现在大多数关于性爱的书籍都在讨论交流的重要，很多夫妻却不能有效地沟通，他们一般很少谈论性。他们只是在性爱出现问题的时候才粗略地讨论一下。对性爱不满意的一方开始埋怨，而对方却一点儿也听不进去。在这样的情况下，交流根本不是一种有趣的经历，反而更像是批评或者责怪。事实上，从某种程序上来说它就是这样。

男人对性能力的评价尤为敏感。女人告诉他自己喜欢或者不喜欢什么时，男人听到的却是："你根本就不够好，别的男人知道怎么做，你怎么就不知道呢？"

具有讽刺意味的是，传统观念都认为男人理应知道性爱，所以，男人就会不好意思询问女人喜欢什么样的性爱感觉，也不情愿花费时间了解女人。正如女人有时会假装性高

正如女人有时会假装性高潮以取悦男人一样，男人也不得不假装非常自信来取悦女人。

潮以取悦男人一样，男人也不得不假装非常自信来取悦女人。很多男人想了解更多，却不得不在谈论的过程中掩饰自己对性爱的无知。

正如女人有时会假装性高潮以取悦男人一样，男人也不得不假装非常自信来取悦女人。

谈性论爱的技巧

克服交流困难的办法就是两个人一起看关于性爱的书，然后再讨论。当你的伴侣不怕因为自己做错而受到责备时，你们的交流将更加顺畅。听到称赞的话，你可以“嗯”一声表示附和，这样就暗示你已经知道他/她所需要的了。

不管我们对性爱了解多少，理解男女之间的需求差异都对我们有益无害。只有我们理解了这些不同后，才能知道他或她所需要的，这样我们才会更加带劲。

当我讲性时，我会要求听众在听到他们认为精彩的内容时鼓掌，也要求他们向自己的伴侣强调我所讲的内容都是精髓。男人往往对女人鼓掌最热烈的地方不屑一顾，反之亦然。当妻子们鼓掌的时候，丈夫们不用认为是针对自己所说的。因为有时几乎所有的女人都在鼓掌，她们是在为自己的心声鼓掌。妻子不用再告诉丈夫她需要什么了，通过妻子掌声的热烈与否，丈夫完全能够体会得到。

通过这种平静的、巧妙的经验交流，很多甚至已经停止了性生活的夫妇重新开始享受完美的性爱。用这样的方法来学习男女之间的不同，人们的印象会更为深刻。因此，他们也更愿意尝试可以满足对方的完美性爱。

每个女人都是不一样的

不仅男女之间存在差异，女人和女人之间也存在差异。对男人来说，要真正掌握女人性爱的需求，一场简单的讨论是远远不够的。说得更复杂一些，不仅女人和女人之间是不同的，同一个女人在不同的时期差别也会很大。尽管我们可以在教科书或者研讨会上研究一些普遍的技巧和方法，但却无法研究你伴侣的独特喜好。

山姆和艾伦是夫妻，但是性生活并不美满。我建议山姆同艾伦谈谈，让艾伦用几分钟的时间给他讲讲她的身体。我建议他们只是随便聊聊，不要对此有任何的反感。

艾伦用一种科学的口吻简要解释了她最需要什么。起初她对此还有些害羞，但是山姆向她保证这种方法绝对有用。几年后，山姆仍然记得艾伦说的每一句话。

真正明白了女人最需要什么之后，男人就可以松一口气

了。虽然不必每次做爱的时候都严格恪守伴侣的建议，但掌握伴侣的喜好确实能使男人信心大增，每次都可以体会全新的性爱。当有些技巧不那么灵验的时候，男人可以回到女人喜欢的方式上来。这样的信心帮助男人在性爱中放松下来，变得更有创造性和自发性。

有交流的性爱

艾伦向山姆展示自己。艾伦并不是要自己兴奋，她只是向山姆示意她最喜欢的爱抚方式。通过这种实践性的性爱交流，山姆和艾伦的性生活质量不断提高。这时，我建议山姆，在出现很棒的性爱感觉时，问问艾伦最喜欢什么。同时，我跟艾伦说，要小心强调自己的喜好，避免听上去像是在批评山姆。

我告诉艾伦，如果山姆问到了你不喜欢的问题，那么就不要谈论细节，停顿一小会儿，仿佛在考虑怎样告诉他不喜欢一样。这样，山姆就会更容易接受建议。

有时，艾伦可能会说“太好了”或者“没问题”，却不是充满热情地说。那么，山姆就会明白，所谓的“太好了”其实并不是很受欢迎。如果有些事情使艾伦不悦，她可能会用“我对此不是很感兴趣”这样的表达方式，温柔的批评使山姆避免尴尬，以后还可以询问艾伦的感受。

通过交流，艾伦也愿意同山姆分享自己在性爱中的新发现，或者告知自己的爱好有了什么变化。同样，山姆也更愿意让艾伦知道他喜欢什么。

什么时候谈论性爱

当你们做爱的时候，你却问她想要什么，这并不是一件浪漫的事。最好在性爱之后或者你不打算做爱的其他时间再来谈论。在性爱的过程中，女人不愿意坦白自己的需求。她只希望通过感觉让所有的快感慢慢浮出水面。

男人要想知道女人在床上喜欢什么，就应该仔细聆听女人在性爱过程中的回应。男人听到女人用语言或者呻吟来表达她的愉悦时，男人就知道是什么使女人感到满足。女人在抒发了自己的感觉后，就会更加享受性爱的过程。

还有一种方法是男人直接询问女人。但是，这最好在你们有过完美性爱之后。询问的另一个好时机就是你正在评论看过的一本书、电影或讲座。

这种对话需要随意展开，不能太直接。例如，男人不应该一边记笔记，一边说："好的，首先你希望这个，然后你希望那个，在那之后我应该做那个。"

这种方法对女人来说太机械了。女人希望男人跟自己做爱时，凭的是真实的感觉，而非依据一个公式。

冰与火的情欲

男人对性爱的评价尤为敏感。当男人听到女人的建议或者要求时，有时候可能会觉得女人在纠正自己或者批评自己。很多男人都难以接受这一点。如果你能给出“冷”、“热”两种信息，将对你的伴侣非常有帮助。生活中的你，有时可能会玩捉迷藏的游戏，让人找出藏着的好东西。性爱也是同样的道理，不是用直接说出来的办法，而是给出“冷”和“热”两种截然不同的信息。

找东西的人离你太近时，你要说“太热”；离你太远时，你要说“太冷”。同样的道理，女人可以在性爱中对伴侣说“你有点热了”或者“你有点冷了”之类的话。

这些回应是非常必要的。男人就好像被蒙上了眼睛，需要女人回应的引导来找到快慰的路。男人想知道自己的每一次抚摸是“热的”还是“冷的”。反馈对于正在熟悉女人身体的男人来说尤其重要。

有时候，女人可能会喜欢性爱的放松阶段。默默无声是女人表达自己平静和放松的最自然的方式。这样的回应容易让人摸不着头脑。因为有时候一句话不说也可能意味着男人并没有激起她的欲望。对女人来说，解决这种感觉混淆的方法就是，告诉男人自己正在安静地享受性爱的放松。

她可以说：“感觉太妙了，我只想要你抱着我。”或者说：“我就想放松一下，享受你的抚摸。”还有就是简单地说：“嗯，我喜欢这样。”这会使男人耐下心来，继续激发女人的热情。

积极的引导

当男人的笨拙正在逐渐降低女人的热情时，女人最好的技巧就是引导他向通往愉快的方向运动。正如其他高级卧室技巧一样，这个方法的得意之处，不在于关注男人的错误，而在于帮助男人成功。

性爱中，女人有必要引导男人向自己喜欢的部位运动，并且作出愉快的呻吟。例如，女人可以婉转地说“我喜欢这个”，而不是说“我不喜欢那个”。

让男人失去性欲的十句话

不管男人还是女人，都要知道对方真正的需要。否则，他们永远不清楚，不恰当的言行，可能给伴侣带来多么大的伤害！遗憾的是，在这个世界上，相当多的男人和女人，都以错误的方式沟通和交流。所以，这无助于两性关系的改善，反而会使两个人更加疏远。

愿望和需求无法满足，一个人就很容易受到伤害。譬如，女人没有意识到，由于她和男人交流方式的不当，无法提供有效而及时的支持，就会伤害男人的自尊。她固然关心男人的感受，可是男人和她的需求不同，就很难为男人带来满足感。

如果女人直刺男人心理上的敏感地带，她可能会无意中让男人失去欲望并逐渐对她失去兴趣。这样的话有：

1. “你做得不对。”
2. “我不喜欢那样。”
3. “噢，你伤着我了。”
4. “不要那样摸我。”
5. “这真痒痒。”
6. “不要那样。”
7. “还没有。”
8. “不是那儿。”
9. “我还没有准备好。”
10. “你在做什么？”

这样的评价很容易使男人立即失去性欲，并且逐渐对你的感觉“阳痿”。

男人为何瞬间失去性欲

很多时候，男人性爱的目的只有一个，那就是要满足自己的伴侣。因此，对于那些冰冷的评价也就格外敏感。如果男人认为自己遭到了嘲笑，那么，女人唯一能做的事情就是接受男人感情被重创的事实。这种情况下，男人绝对需要时间才能重振雄风。

在同杰克做爱的过程中，安妮一直不停地说这样的话："不要那样"，"我不喜欢那样"或者"你做得不对"。三个回合之后，杰克泄气了。他突然停下来，在一瞬间失去了所有的感觉，也失去了对安妮的兴趣。他很快就"短路"了。

安妮问："你怎么了？"

杰克没有回答。

过了一会儿，安妮说："我们刚才是在做爱吗？"

"是的。"杰克答道。

"那么，"安妮继续问，"我们还要继续吗？"

"不了。"

其实，安妮并不知道，信任，是她送给杰克最好的礼物。对于杰克而言，信任的感觉如此重要，如此美好。杰克对于信任的渴望，就如同安妮渴望从他那里得到芬芳的玫瑰或热烈的情书一样！

对女人来说，给予男人不请自来的建议，或擅自充当男人的援兵，结果常常是弄巧成拙。在男人眼里，这是在对他进行抱怨和批评。这让男人心灰意冷，斗志全无！当然，出于爱、出于温情，女人才会那样做，可她的建议和主张，像一把刀子，扎在男人的自尊之上，让他无限痛楚。他的反应可能非常激烈，他觉得她把他当成了孩子！而且，在他的脑海里，或许浮现出多年以前，他的母亲对父亲严厉指责的情形！历史惊人地相似，往事浮上心头，让他痛楚难当。

但凡有骨气和抱负的男人，大多有着强烈的自尊。他想在心爱的女人面前证明：他可以不靠别人，“单骑闯关”，哪怕要闯的“关”微不足道。

这就是火星人的心态，这就是男人的心态。和他的祖先一样，火星人想贴上“专家”的标签，因为这会带给他骄傲的感觉。即使他难以成为“大师级”人物，也渴望成为某一领域的行家里手。他渴望独立地解决问题，达到目标。从女人那里，他最需要的是爱，是认可，是接纳。女人的告诫和批评，不仅让男人沮丧和懊恼，甚至火冒三丈！

在咨询过程中，我建议杰克和安妮好好谈谈。杰克告诉安妮：“做爱的时候，男人对某些评语是很敏感的。我宁愿你引导我的手到你想要的地方，而不是直白地告诉我你不喜欢那样。如果我把你弄痒的话，我宁愿你把我的手拿开，但却不要笑出声来，尤其是当我很投入地做爱的时候。如果我

弄痒了你，你也可以压我的手指头，给我一个信息，让我多用点力气来抚摸你。”

出乎杰克预料的是，安妮愿意接受他的看法。杰克为此非常高兴。之后，当安妮偶尔说出使杰克“短路”的话时，杰克也会尽量宽慰。

如果男人在做爱的时候突然“短路”，他也要尽量假装什么事都没发生，这样，激情很快就会重新回来。马上停下来展开讨论，对男人“短路”的恢复毫无帮助。

要声音，不要句子

在性爱的过程中，女人最好发出点声音来，但不要说任何一句完整的话。如果女人总是说话，那么很可能造成男人的“短路”。总是说句式完整的话相当于在暗示男人，她的头脑还很清醒，还没有完全陶醉在性爱中。

有时，女人可能会说出她在浪漫小说中看到的句子。尽管女人说出的话语极其暧昧，男人听上去可能会觉得无比虚伪。女人若想有效地传递给男人那样的信息，她可以陶醉地呻吟或者大声叫出来。女人对男人动作的反应就是最好的信息反馈，其效果远远胜于语言。

在性爱过程中，如果女人总是说话，是不是也意味着她希望男人同她一样说话呢？试想一下，男人在性欲勃勃的时候还在滔滔不绝地谈话，这个印象恐怕会十分深刻吧！

男人在酝酿性欲的过程中往往保持沉默。男人不喜欢女人在性爱中说话，尤其是说句式完整的话，因此，男人没有意识到也许有些女人却喜欢这么做。

对有些女人来说，性爱中的谈话不仅可以增加她的激情，还能增强她的自信心，并且帮助她爱护自己的身体。

赞美的艺术

在金星上，对个人的直接赞美，是最为有效、最容易令她们感动的。赞美女人是一种艺术，得体适宜的赞美使女人如饮甘霖，令其陶醉。而最讨女人欢心的赞美方式就是，直接赞美她本人。他的赞美使她能够放下心来，更加确信自己是被他珍爱着的、尊重着的。他的赞美直接沁入她的心田，使他与她的内心紧紧相连，让她充分感觉到自己对这个男人的感情。他的赞美还将直接打动她的心，使她的内心充满柔情蜜意，让她能向他敞开心扉，更加善于接纳他，并对他的付出做出更加积极的响应。听到他的赞美，她当然很高兴，回应也是积极肯定、快乐愉悦的，这使男人也因她的快乐而快乐，因她的幸福而幸福。

女人通常会感激所有发自肺腑的、诚挚由衷的赞美。但是如果男人肯在表达赞美时花些心思、动点脑筋，那么他说

出来的话就更能讨女人的欢心。经过深思熟虑后的赞美，必将更加动听。如果他的赞美之辞传达出来的信息，远远超过了他本来要表达的意思，必将使她得到最大的满足，激发她内心的欢愉与喜悦，从而表现出最佳的状态。

男人可以利用下面的话激发女人的情绪。当然，前提条件是这些话必须能够表达男人的真实感受。他不该仅仅为了女人的性欲而利用它们。也许男人现在还没有意识到它们的重要性，因此也就很少说。

1. “你太漂亮了。”
2. “你就是我的理想爱人。”
3. “我太爱你了。”
4. “我喜欢跟你一起分享。”
5. “你太能挑起我的欲望了。”
6. “你让我欲火难忍。”
7. “我喜欢抚摸你柔软的肌肤。”
8. “我喜欢抱着你。”
9. “你的脸真美。”
10. “你的腿真美。”
11. “你的身体太完美了。”
12. “你的嘴唇真性感。”
13. “感觉真好。”

14. “你让我冲动。”

15. “你让我失去控制。”

16. “多美啊。”

17. “我是你的。”

18. “我所有的爱都是为了你。”

19. “我喜欢你。”

20. “我渴望得到你。”

在她耳边轻轻说出这些话，可以帮助她深刻地体会到自己是被爱着的。这样做，女人会表现出更加迫切的性欲。虽然现在媒体和杂志都在宣扬女人的性感身材，但是女人却很难相信她的伴侣真正崇拜自己的身体。

当我列出这些句子的时候，我经常听到女人们热烈的鼓掌声。关于胸部的评论更是得到了最热烈的欢迎。男人并没有意识到女人喜欢并且需要不停地听到这样的称赞。在性爱的过程中，男人可能会为自己伴侣的乳房而着迷，但是却没有意识到女人需要他的赞美。

一位女性内衣店的老板给我讲了个故事。几个六十多岁的老太太一起逛内衣店，其中一位试穿了一件非常性感的内衣。其他的女人都在摇头，认为她不适合穿这件内衣。这位老太太非常自信地回答：“当你是房间里唯一的裸体女人时，对他来说，你就值一百万。”这个故事说明，大多数女人并不了解男人。当男人爱你的时候，他的性欲越高，你的身体对他来说就越完美。性爱中，男人脑子里最后一件事情才是你的大腿有多么丰腴。

当男人欣赏别的女人时

当男人的目光被有着魔鬼身材的女人吸引过去的时候，其他女人就会想：自己并不那样性感。性感是上帝的恩赐，并不是所有女人都有这样的好运气。女人在男人的怀里裸露自己的时候，男人表达对她的迷恋可以让女人觉得自己是优秀的，并对这个深爱自己的男人心存感激。

在对气质和外貌的看法上，男女之间存在着很大的差异。男人看到一个漂亮女人，本能地希望可以占有她的身体。女人看到一个帅气的男人时，可能只想认识他，而认识他的理由，也并不是完全因为他长得帅。看到一个帅气的男人，女人不会马上产生和他上床的想法。

男人看到一个漂亮女人，本能地希望可以占有她的身体。女人看到一个帅气的男人时，可能只想认识他，而认识他的理由，也并不是完全因为他长得帅。

女人通常都会错误地认为，男人被女人的外表所吸引是很肤浅的。但是，女人

没有意识到，男人只有通过外表的吸引才能进入他的内心。

如果男人对女人表现出极大兴趣时，男人首先会从视觉上兴奋起来。随着两人关系的不断发展，男人才会对女人的内在气质越来越感兴趣，而不管她的身材在媒体排行榜上排第几。女人正好相反，当女人逐渐爱上男人的内在气质时，才会对男人的身体表现出越来越多的渴望。

在恋爱之初，男人并不确定是否满意伴侣的身材。随着时间的推移，当他越来越了解自己的伴侣并越来越爱她时，他才会慢慢体验她的身材。单身的男人很容易沉迷于那些美女如云的电视节目。他会拿身边的女人同电视或者杂志上看到的女人进行比较。幸运的是，当他逐渐爱上一个女人的时候，这种比较就会消失，他可以完全欣赏自己伴侣的美丽。

如果在这期间做爱，男人应该告诉自己的伴侣，她的身体令他着迷。这样，不仅可以把男人从不合时宜的比较中解放出来，也同样可以把女人解放出来。

男人好色，女人怎么办

如果不知道视觉吸引其实只是表面吸引的话，当伴侣看其他女人的时候，女人可能会觉得自己没有吸引力，并因此开始报复男人。这个问题其实很好解决。

女人需要接受男人爱看美女的天性。男人也要恰如其分

地把握看的尺度。一次，邦妮和我，以及另外一对比较年长的夫妇，还有一个穿着比基尼的19岁女孩一起乘电梯。这种情况下，男人们是很难不去看美女的。当我们走出电梯的时候，女人对自己的丈夫说："乔治，看是没有问题的，但不要流口水！"

女人需要接受男人爱看美女的天性。男人也要恰如其分地把握看的尺度。

女人需要接受男人爱看美女的天性。男人也要恰如其分地把握看的尺度。

当我注意到一个美女并想多看几眼的时候，我往往会把话题引到自己妻子的身上来，我会和我的妻子说："看吧，真是个美女。哦，我多喜欢美女啊。我太幸运了，可以娶到你这样的美女。你就是我想要共度一生的人。"

把对别人的欣赏引到她的身上并表现出对她的爱恋，由此让她确信，她就是我这辈子的真爱。这样的话，她就不会生气，还会对我更好。

时间是男女性爱最大的差异

在性爱中，如果希望保持自信和激情，就需要花费更多的时间。男人可能只要几分钟就能达到高潮，但女人通常需要更长的时间。知道这一点后，男人要对自己充满信心，即使要用很长的时间才能让自己的伴侣兴奋起来并达到高潮。

时间是男女性爱之间最大的差异。男人就像汽油，沾火就着，而女人则需要逐渐释放自己的欲望。

> 男人就像汽油，沾火就着，而女人则需要逐渐释放自己的欲望。

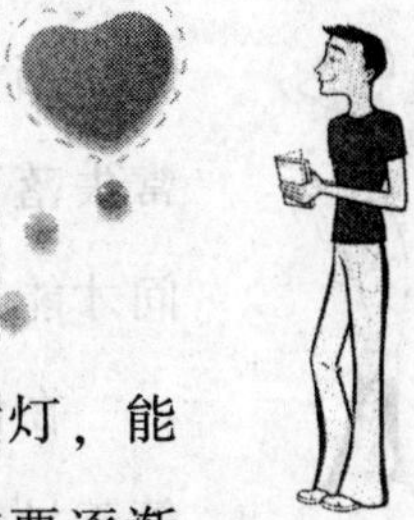

如果用一个比喻来形容，我们可以说男人就好比是喷灯，能够迅速地变热，而后又瞬间熄灭。女人则像火炉，需要逐渐加热，慢慢冷却。

女人需要先放松下来，然后才能慢慢进入性爱的角色。女人喜欢男人慢慢勾起自己的欲望，首先刺激自己最不敏感、最不能唤起欲望的部位，而男人则渴望自己的最敏感、最能唤起欲望的部位得到直接刺激。因为对于男人来说，性爱本质上是一种释放睾丸急速的过程。

一般来说，男人只需两三分钟的刺激就能达到高潮。那是一个非常简单的过程，就像一听啤酒，“砰”的一声被打开一样。

女人达到高潮，大概需要十分钟的时间。此前，她还需要二三十分钟的前戏。给女人高潮，就必须记住这一点：将男人两三分钟的快感延长到二三十分钟。

很多时候，男人往往在几分钟之后就达到高潮了，并且还以为伴侣跟自己一样达到了高潮，得到了满足。

男人问：“你满足了吗？”

女人似乎更愿意回答：“我甚至还没开始呢。”

男人非常喜欢性交的感觉，也认为自己的伴侣同样喜欢。当女人告诉男人自己还没有兴奋起来的时候，男人便非常失落，挫败感油然而生。他不了解他的伴侣需要十倍的时间才能兴奋起来，因此他感觉自己很无能，没办法满足她。

在性爱过程中，女人可能会发出愉快的呻吟，但这并不等于她得到了需要的刺激。很多时候，女人的呻吟是对男人兴奋情绪的一种回应。感觉自己和男人在情绪上融为一体，并且能给他带来快乐，对女人来说是一件值得在性爱中呻吟的事，它会增强女人的欲望。但是，情绪的满足并不等同于性的满足，她需要抚摸和时间才能达到高潮。

房地产业有一句经典的话，可以让我们知道增加财富的重要手段：“位置，位置，位置。”在性爱中，这句话变成了：“时间，时间，时间。”女人得到了她所需要的时间，她就会相信自己可以得到性高潮。男人知道了其实并不需要做很多，只需花费更长的时间之后，他的信心也会增长。

如果伴侣达到高潮，男人就会本能地感到自信。如果每次她都不能达到高潮，男人便开始担心。下面介绍一些爱抚的技巧，这将有助于性爱高潮。

爱抚的技巧

最后，我想花一点时间谈论一下男人和女人的性结构，这也是性生活和谐的必备知识。先来看一下女性的外生殖器官，也就是人们常说的“阴户”，它包括大阴唇、小阴唇、阴蒂以及阴道的入口。

大阴唇位于小阴唇的外面，紧紧包裹着小阴唇。这两组阴唇包含着数以千计的精密神经纤维，当受到抚摸的时候，会输出刺激、快乐和满足的信号。阴道在阴唇的南边，是精子进入子宫的渠道，也是男人进入女人身体的渠道。在阴唇北端是阴蒂，因为阴蒂非常小，所以经常被男人忽视。要想给予女人很好的爱抚，男人须记住这一点：先向北抚摸，再向南抚摸。

男人须记住这一点：先向北抚摸，再向南抚摸。

当女人被激起的时候，阴蒂会变得坚硬或者充血。就像男人的阴茎一样，阴蒂越是坚硬，就越希望得到抚摸。

男人应该学会温柔，要像手捏羽毛那样轻轻的抚摸那里。当女人想要男人更用力一些的时候，她可以抬高自己，或者把手放在男人手上。这样男人就能很清楚地知道女人想要什么了。

要尽力跟随着女人的呼吸一起运动。当女人变得更加兴奋的时候，加快节奏，然后再慢下来。

你可以作出千变万化的动作来。即使是一种占上风的动作，过多使用的话也会让人觉得乏味。然而一旦女人兴奋起来，保持一种稳定、持续的运动可以帮助她登上快感的更高境界。

男人也需要爱抚

阴茎是男人最为敏感的部位，适当的爱抚可以增加男人的快感，让快乐在全身扩散开来。

男人的阴茎一旦得到刺激，身体的其他部位也被激活。女人可以全面出击，这会让男人疯狂起来。

男人阴茎顶端的边缘也是一个特殊的刺激区域。女人可以用希望对方的方式抚摸，轻轻地、快速刺激这个区域。她也可以改变并加大力度。

正如男人需要反馈一样，女人也一样需要。当女人正在做男人非常喜欢的事情时，男人可以这样说："我真的很喜欢这个。"各种各样快感的声音也能让女人知道男人最喜欢什么。

男人还有一个比较敏感的地方，那就是会阴。会阴位于阴茎底部和肛门的中间。这个地方是全身神经末梢的一个

点。如果被轻轻地舔舐、抚摸或者用力压的话，可以让男人体会一种全新水平的快感。

当男人非常兴奋的时候，女人可以加剧他的这种快感，并通过用手掌用力按压会阴，给男人带来更多的控制。在男人就要达到高潮的时候这样做会给男人带来极大的满足。

通过使用不同的力度，改变运动的缓急，女人可以激起男人的能量，然后再让它们平静下来。每次女人重新激起男人的能量，男人的快感都会增加。

第4章

Mars and Venus in the Bedroom

女人是月亮，男人是太阳

在性爱问题上，男女之间不仅存在节奏的差异，还存在周期上的差异。女人的性爱周期像月亮，阴晴圆缺不停地变化。有时候，尽管自己的爱人发挥得非常棒，她还是无法达到高潮。不仅如此，有时女人甚至不愿意达到高潮。

其实，如果我们对于女人有足够的了解，就不会对这种现象大吃一惊乃至迷惑不解了。因为女人在感情方面同样如同月亮，有圆有缺，有阴有晴。我们可以以波浪作为比喻，形象地描述女人的这种“月亮”体质。

女人的阴晴圆缺

女人就像波浪。确切地说，她的情感犹如波浪。对于恋爱中的女人来说，她的激情，她的梦想，她的渴望，像波浪一样或升或降，此起彼伏（可以简称为“女人的波浪”）。如果诸事顺遂，她会很快到达“波峰”；倘若遭遇挫折，她会迅速降至“波谷”。当然，这种由高而低的过程，不会持续过久。总体说来，她的波浪降至波谷时，情绪即刻发生逆转。她的心情豁然开朗，峰回路转，柳暗花明，此时，她的波浪开始由底部向高处升起。

在波浪上升过程中，她的心中洋溢着爱。她对男人有着无限的柔情。由波峰降至波谷，她的情绪和感觉，就是另外一番景象——她彷徨而忧郁，内心极度空虚，渴望有男人的爱来填充。到达波浪的谷底时，她的情感才趋于平稳——这是情感梳理的最佳时间。

如果在波浪上升阶段，缺少爱的滋润，女人就会压抑消极感受，隐藏真实的情绪。由此带来的，就是在波浪下降时，她要经受悲哀和沮丧，以及未被满足的需要而带来心灵的痛楚。在这不幸的阶段，她尤其需要谈论问题，得到倾听和理解。

比尔和玛丽结婚6年了，比尔领教过玛丽的“波浪模式”。起初他对此一无所知，所以横加阻拦，结果弄巧成拙。比尔不明白，玛丽为什么忽冷忽热，时悲时喜？他觉得，玛丽不是庸人自扰，就是小题大做。他好言劝说妻子：“你还是放宽心，问题没你说得那样严重！你这是杞人忧天，危言耸听。你的沮丧和不满，实在没道理可言，经不起推敲！”如此一来，他等于捅了“马蜂窝”，玛丽更加难过，乃至痛心疾首。她觉得，丈夫根本不了解自己，她的苦恼和悲伤无处倾诉！

比尔固然好心好意，认为自己正在“修理”，却适得其反地“帮倒忙”。正所谓，男人有他的“洞穴”，女人也有情感的“深井”。她进入“深井”时，不恰当地劝解和宽慰，只会使她徒增烦恼。她需要男人的爱，渴望关心和支持。不过，她对他的爱的方式，此时却格外挑剔。他应当小心翼翼，决不可贸然行事。

比尔抱怨说：“我真是无法理解她。几个星期以来，她的情绪一直很好。她的爱就像雨露，滋润着我和她周围的人。但几乎是眨眼之间，她的爱，她的付出，就让她心态失衡，仿佛我做了什么错事似的。她对我横竖挑剔，让我感到气愤。她一下子变了模样，难道这是我的错吗？我试图做出解释，她更加恼怒起来，我们的争吵迅速升级。”

实际生活中不乏类似的情形。女人的波浪下降，男人就会像“绊脚石”、“拦路虎”，试图阻止女人，让她“迷途知返”，为她指明方向。男人不知道，女人的波浪下降时，只有到达波谷，才能再次回升。

性爱周期

在性爱方面，女人的一个性周期一般是二十八天左右。在某个时期，女人非常渴望达到性高潮，这时候她的身体是成熟的，并且对性爱做好了准备。但有时候，女人想要的只是一个拥抱而已。如果在这个时候进行性爱，也许她会被激活起来，但是她的身体根本不会在乎有没有性高潮。

有时候女人处于周期中满月的阶段，有时是半圆，还有时候是新月。每个阶段以及阶段之间，女人的性欲是不同的。我们没办法断定女人正在哪个阶段，因为每个周期的长度并不固定。

就像很多男人无法理解女人的波浪一样，男人无法从本能上理解女人的这一点，因为男人不像月亮，而像太阳。每天早晨，太阳都会微笑着升起。

当一个男人充满欲望时，他的身体自然想要放松一下。他想要性高潮，并且也有能力满足自己的欲望。如果男人已经欲火焚身，但却没有得到恰当的释放，那么，他不仅在情绪上会有所不满，身体也会像得了“淋病”一样有所不适。所以，男人很难想象他的伴侣会不想要或者不需要释放性欲。女人可能喜欢性爱的亲密，但却不想要得到高潮。当她不感兴趣或者没有高潮的时候，男人还误以为自己做错了什么呢。

伪装的性高潮

男人一般会通过女人是否有性高潮来判定性爱的质量。如果女人没有性高潮，他可能会沮丧几个小时。所以女人常常会在性爱中被迫假装高潮来取悦男人。其实，几个世纪以来，金星人一直怀有这样的恐惧。她担心自己的存在，没有多少价值。为此，她不断地做出“补偿”。她采取的方式，就是更多地考虑对方的需要，宁可让自己任劳任怨，含辛茹苦；她一再地付出，不停地给予。遗憾的是，她从未体验到对方的回报。她咬紧牙关，一再忍耐，继续付出。

假装高潮的压力使女人无法完全享受性的快乐。如果她每次都不得不假装和男人同步达到高潮，那么她肯定无法放松自己，也无法体验性爱真正的滋味。

一旦女人开始了第一次假装高潮的行为，那么，她以后将很难获得真正的性高潮。据说，很多媒体吹捧的“性感女神”在她们的私生活中，实际上都是无法进入情欲高潮的。最常见的是，妓女往往会假装兴奋来取悦客人，其实，她们已经很难有性高潮了。

如果女人有因高潮而造成的性爱压力，那么，即使她的身体已经达到真正的性高潮，获得的快感也会因压力的存在而降低。完美性爱的要求之一，就是女人不应该感到有任何来自性爱的压力。女人应该明白，她其实值得男人的珍爱，有资格获得对方的支持，她的存在，有着不可替代的巨大价值。人人都有爱的权利，人人都值得被爱。在爱的给予与接受之间，起码应当大致平衡。考虑到自己的付出，对于男人的爱和付出，她受之无愧！男女之间若能互相理解，这将很容易做到。

完美性爱有时会美妙得令人终生难忘，有时也会平淡如水。但是，男女双方都得到了自己想要的。男人达到了高潮，而女人呢，无论有没有高潮，也都享受到了自己盼望的精神满足。

为什么男人容易忘记

一次，上床睡觉前，我看到妻子开始脱衣服。我突然想到，晚上会不会做爱呢？

我问："今天早上我们做爱了吗？"

妻子微笑着告诉我："有啊，而且还很令人难忘呢，不是吗？"

我笑了。

这些对话，很好地描述了正常性爱和难忘的性爱之间的差别。完美的性生活应该由这两部分组成。

很多人都知道性爱的技巧，但却很难将这些技巧应用到实践中。尤其是男人，最容易马虎草率。这并不是因为男人不在乎，而是他们容易忘记。

男人很容易忘记女人在性爱中需要什么。在男人和女人的性爱磨合期中，男人有可能会稳住步伐，他还不确定她喜欢什么，也不确定她是否在他的抚摸下感到快乐。一旦他们度过了这个磨合期，男人就会忘记，正是自己的缓慢和试探性的运动，才更好地激起了女人的热情。即便男人意识到了男女之间的某些差异，但由于本能，他也很容易在热情之火中把对方的感受忘得一干二净。

巧合的是，男女恋爱时期也会出现类似的现象。

在男人还没确定女人的感情倾向时，他会想方设法、挖空心思地为女人做这做那，此时，他的目的只有一个——吸引她。这时的男人就如同开足马力的汽车，急速向女人驶去，一旦他认为到达了终点，他就会熄灭引擎，停下车来，举杯庆祝自己的胜利。进入约会的第三阶段——排他阶段，男人错误地认为，追求已经到终点了，就可以不必像以前那样费尽心机了。

刚刚结识之时，强尼习惯事先筹划好约会，然后再去征求他的女朋友——凡妮莎的意见。对于他的提议她总是举双手赞成，两人共度了许多美好的时光，约会在他们看来是多么愉快的一件事呀！

进入排他性阶段后，一切都变得不同了。强尼不再提前筹划了，总是拖到星期五才会问凡妮莎："周末想怎么过？"他们开始随意地度周末，比如上街看电影或自制爆米花，有时甚至呆在家里什么都不做。

随着时间的推移，他们逐渐对彼此失去了兴趣，对周末的约会也不再有新鲜感了。他们两个也非常苦恼。后来，两人参加了"火星与金星"研讨班，强尼才真正意识到症结所在。他几乎没有注意到自己的转变，之所以停止计划，是因为筹划约会的动机已经不存在了。

解决男人健忘的办法

当男人忘记女人需要什么时，一般来说，女人会认为这是男人不在乎自己了。事实上，即使一个男人非常在乎你，他也仍然会忘记，甚至根本不会意识到自己已经忘记了。

我记得我们刚结婚第一年，发生了一件令人难忘的事。有一次，我做完了关于性爱的讲座后，驱车回家，路上，我问邦妮喜不喜欢我的演讲。

她说："我喜欢听你讲性爱，你讲得太对了。"

接着，我非常骄傲且自信地问："你认为我做到了我讲的完美性爱了吗？"那个时候，我非常希望邦妮很快作出肯定的回答。

然而，邦妮却犹豫地回答道："嗯……这个……你过去做的比较多。"

"那你的意思是，我现在反而不如以前了？"

"好吧，说实话，你最近总是匆忙了事。"

"那么，今晚我一定会用很多很多的时间。"

"噢，听上去真是不错。"

邦妮并不是批评我，我也不会感到有压力。那天晚上，我们度过了相当美好的时光。我把这个故事拿出来和大家分享，是想告诉大家，即便是我这样讲授性爱的老师，也可能会不由自主地忘记给伴侣更多的时间。

如果男人没有给予女人充足的时间，那么，女人可以用一些简单的、容易让人接受的话让男人慢下来。

比如说：

“噢，这感觉太美了，让我多感受一会吧。”

“我们有很多时间的。”

“今晚我想要更长的时间。”

这样的话都是信息性的，不带有校正或者控制的意思。

女人快乐，男人满足

在早期的研讨会上，我十分注意聆听男人和女人分享自己难忘的性爱故事。在这个过程中，我找到了一个普遍的规律。男人一般会讲女人怎样回应自己的故事，男人对自己怎样使女人狂热，或者怎样让女人更加投入而感到骄傲。而女人呢？她们讲述更多的是自己的感觉，以及男人是怎样激发她们的。

对男人来说，使性爱难以忘怀的底线是女人性欲的满足。当男人成功地满足了女人性欲的时候，他也就得到了最大限度的满足。

对女人来说，男人性欲的满足并不是让自己快乐的首要因素。女人很少说这样的话：“性爱真的太棒了，它带给我那么多的狂热。”当男人成功地让女人攀上快感巅峰的时候，性爱对女人来说就是完美的了。

对女人来说，性爱的过程比结果更为重要。有时候，女人不需要达到高潮也能感到满足。

> 对女人来说，性爱的过程比结果更为重要。有时候，女人不需要达到高潮也能感到满足。

当男女双方都理解了这一点时，他们各自都会松一口气。男人不再用女人的高潮来衡量自己的成功，女人也不再有假装高潮的压力了。更理想的境界是，男人可以用女人的满足来判定自己的表现，而女人则可以放松下来，毫无压力地享受性爱。男人需要记住，女人就像月亮一样，有时候即使没有那么圆也会很漂亮。

找我咨询的女人经常以不同的方式讲述同样一个事实：

“我不需要每次都有高潮，即使没有，我也很快乐，这并不意味着什么地方出了差错。”

“有时候我只需要拥抱就能满足。我很高兴他‘性’致勃勃地达到高潮，但我真的不想要。因为我不在状态。在我充满欲望的时候，才希望有性高潮。”

“我喜欢有时候达到性高潮，但也有时候，我

想要的仅仅是抚摸和拥抱。”

“有时，高潮成了性爱的一种负担。我努力想要性高潮的时候，所有的兴致反而消失得无影无踪。如果我没有性高潮，我希望他不要在乎，我也不在乎。”

男人和女人是可以相互兼容的

当我们小组讨论男人多么希望满足女人的时候，大多数女人都对这个结论非常惊讶：“如果他那么在乎我的话，那么为什么他总是匆匆忙忙地结束激情呢?”理解男女之间的感觉差异后，这个问题就不难回答了。

男人总是错误地以为，能让自己高兴的做法也能让女人快乐。正如男人因为女人的快乐而满足一样，女人也应该因为男人的快乐而满足。还是那句话，男人并没有意识到女人需要更多的性爱时间，也没有意识到女人对完美性爱的其他要求。

从男人的角度来说，女人需要的时间太多了；从女人的角度来说，男人给予的时间太短了。这个问题其实很容易解决，只要男人知道怎样通过爱抚延长性体验的时间，从而满足女人的基本需要就行了。爱抚女人到位的话，即便有时候男人射精很快，女人也能表现出支持的态度。

男人和女人实际上是互相兼容的。当女人像满月的时候，急需要性高潮，男人可以让女人享受更高水平的快乐与满足。当女人像半月或者弦月的时候，男人可以不加遏制地享受性爱，只要能满足女人爱抚的要求就行了。在这时候，男人可以很快射精，表现出更多的生物本能反应。

一旦男女双方都了解和适应了女人的月亮周期，一系列问题就能迎刃而解了。随着两个人性信心的增长，性爱之液也更加流畅。不断有女人告诉我，仅仅是听到了关于她们像月亮的说法，就已经感到很放松、很豁然了。在性爱中闭塞的女人，如果不再有假装高潮的压力，将更容易放开自己。女人不用非得对男人的性行为产生回应。今天女人不假装达到高潮，明天她就可能真正享受高潮。

在性爱的过程中，如果女人意识到自己不会达到高潮，那么，就不要勉强了。她可以说："我们快点吧。"这么简单的一句话会改变整个性爱世界。男人可以毫不费力地从试图满足女人变成满足自己。

当女人说"我们快些的时候"，男人不要自己抛锚了。这仅仅是因为女人处于不合适的周期。男人可以拥抱和爱抚女人，成功地满足女人和自己。

男人有时候也希望女人的性爱效率更高。在下一章中，我们将一起探讨如何快速满足女人的乐趣。

第 5 章

Mars and Venus in the Bedroom

性爱快餐

现在很多书都在讨论男人应该花更长的时间来和女人调情，但几乎没有人谈到怎样处理性爱效率与时间的问题。

虽然，大多数男人很乐意取悦自己的伴侣，但是有时也会明显感觉到自己想跳过前戏，就像口号里喊的那样——速战速决。男人的潜意识里，希望自己不要去刻意计较前戏的时间，不要去担心时间的长短对伴侣的影响。其实，这并不是他不照顾伴侣的性情绪，而是他不想压抑自己。

如果想培养男人在性爱过程中耐心的习惯，并且给予女人所需要的前戏时间，那么，男人需要享受偶尔的高效率性爱。如果男人偶尔可以完全按照自己的意愿来做，不必考虑时间和前戏，想怎么做就怎么做，那么，在别的情况下，男人就可以更加尽心尽力地服侍女人，在她身上花费足够的时间。正如汽车偶尔需要高速奔驰一下来清理汽化器一样，男人也需要不加遏制的性刺激和性高潮。

尽管男人内心有快速性爱的需要，实际上做起来却忌讳很多。举个例子来说，在快速性爱的过程中，詹姆士感到很内疚，很明显，露丝并没有得到她所需要的快乐。

詹姆士觉得对露丝来说，没有前戏就进行性爱是很自私的，他不是一个合格的丈夫。但是，为了解决生理上的享受，他有时等到上班快要迟到的时候，才要求跟露丝做爱。

他会说："亲爱的，我只有几分钟的时间了，我马上就要迟到了，让我们抓紧时间来一次吧。"露丝非常合作，

詹姆士也体验到了释放的快感，只有这时候，他才没有负罪感。

但是，詹姆士不想每次都找借口来享受快速性爱的乐趣。为了更加有效地解决这个问题，我建议詹姆士和露丝好好谈谈。

快速性爱

詹姆士告诉露丝：“有时候，我真的想要没有前戏的性爱。我知道这样对你不公平，但是我确定自己感觉非常好。”我问露丝：“你会心甘情愿地满足他这种快速的性爱吗？”

露丝回答说：“我不知道。我想我有很多顾虑。如果他习惯了快速性爱的模式，以后就很难进行正常的性爱了。”

詹姆士说：“这么说你就是多虑了。我保证，还会让你享受有着充足的调情时间、并且激情四射的性爱。”

她答道：“那就什么问题都没有了，如果我们每月至少有一晚真正特别的性爱的话。”

作为快速性爱，或者叫“快餐式性爱”的回报，他们一周会有一两次比较休闲的时间，享受“健康的家庭烹饪式性爱”。每月至少安排一次不受任何人打扰的“精美大餐式的性爱”。我问露丝：“在快速的性爱模式中，你需要詹姆士怎样配合才会更舒服些呢？”

“感觉已经不错了，但我对快速性爱还是不适应。”露丝转向詹姆士，“快速性爱有时候只是三四分钟的事情，所以你满足的时候，我才刚刚开始。我觉得你可能希望我也会很兴奋地配合你，但在那么短的时间内，我做不到。”

詹姆士答道：“没问题的，它就像你给我的礼物，只要你可以接受偶尔的快速性爱的话，你并不需要时时勉强自己，像一块木头一样躺在那里就可以了。”

露丝笑了，“好吧，但是还有一点，”她意识到她握有很大的谈判权，她已经拥有月亮了，现在，她开始索取星星了，“如果你想要快速性爱，我也想要拥抱。我希望你拥抱我几分钟，仅仅给我温暖的怀抱，没有性爱的念头。”

我认为这是一桩恐怖的交易，詹姆士和露丝也有同感。为了确保他们之间的快速性爱不会有负罪感，我建议他们总结一下他们的交易。

詹姆士对露丝说：“现在有四种性爱套餐供我们选择——有规律的健康家庭烹饪式性爱，每月一次的精美大餐式性爱，仅供我满足的快餐式性爱，还有让你依恋的、没有性爱的拥抱。”

露丝说：“听上去还不错，但是如果我太累了，或者因为生理周期以及别的什么原因，我不一定能满足你的快餐式性爱。”

詹姆士很高兴地答应了。

后来，詹姆士告诉我，当他们品尝性爱快餐的时候，露丝真的就像一块木头那样一动不动，但他一点儿都不介意。

套餐式的性爱模式彻底改善了詹姆士和露丝之间的性生活。詹姆士对露丝的性吸引力前所未有地增加了。

詹姆士是这样向我描绘的："在我的性爱史上，第一次感到完全没有压力。我突然不再受前戏的束缚，直接就可以追求我的性高潮。我第一次不用在意我的表现、不用努力适应她的节奏。我也不再会因为没有满足她的需要而深感不安。我们两个都感觉很放松，她也知道，有时她可以得到自己所需要的快乐。"

对詹姆士和大多数男人来说，没有歉疚感的快速性爱就好像你可以随便进入商店，买走你喜欢的任意商品一样。这种感觉就像重新回到了青春期，同时也给夫妻生活带来了新的生命力。

男人一旦拥有快速性爱的自由，而他的伴侣也愿意将这种自由给他的时候，他将不再因为被拒绝而尴尬。这对保持男人的热情是至关重要的，因为男人会因为不加遏制的随心所欲激动不已。

速战速决的暗示

没有歉疚感的快速性爱，让女人在感情上自动支持了男人。当他在前戏上花费了很多时间，但她确实没有性爱的情绪时，或者他抚摸了她，但她意识到自己并不想有兴奋的高潮时，她可以给他一些暗示，让他进行快速的性爱。

1.他说：“我已经按捺不住了，我们做爱吧。”

她说：“我没有做爱的情绪，但我们可以进行快速的性爱。”

2.他说：“我很想你，我们找个时间做爱吧。"

她说：“嗯，听上去是个好主意。我现在没有很多的时间，但我们可以进行快速的性爱。”

3.他说：“我现在有时间，你想要做爱吗?”

她说：“我们现在可以进行快速的性爱，然后明天，也许我们可以安排更多的时间来做爱。”

4.他说：“你想上楼来跟我共度美好时光吗?”

她说：“我们可以进行快速的性爱。也许那样会帮助我放松一下的，然后我们就说说话。”

5.他说：“今天我们安排一个时间做爱吧。”

她说：“嗯，今天我没有情绪进行很多的前戏，但是快速的性爱会很不错。有时候我只想感觉你在我身体里运动而不想达到高潮。”

6.他说：“我现在性致勃勃。我想要做爱。”

她说：“我现在也想。但我们的时间不多，为

什么不进行快速的性爱呢?”

7.他说：“我们今晚做爱吧。”

她说:”我真的很头痛，也许明天我们可以做爱。现在我可以帮你打飞机。”

8.他什么都没说，只是温柔地把她抱到床上开始运动。

她呢喃：“噢，感觉太好了。今晚不用担心我，做吧。”

9.他们正在做爱，他抚摸到了她，但是她意识到自己并不想有性高潮。

她把他的手拿开，说：“进来吧，我想要感觉你在我身体里。我喜欢感觉你的快乐。”这相当于说：“你不用非得取悦于我。今晚上快速的性爱就可以，因为我没有达到高潮的情绪。”

10.他在前戏上花费了很多的时间，但她确实没有性爱的情绪，只想要在他开始的时候靠近他。她说:“我们今晚进行快速的性爱吧。”

激情不再的日子

在恋爱开始的时候，情侣们总是抓住一切机会来做爱。随着工作、收入和家庭逐渐成为生活的重心，性爱的频率就

自然而然地减少了。有了孩子之后，他们不得不安排时间或者寻找时机来做爱。

当一个男人试图用“我们做爱吧”这样的话发出性爱请求的时候，女人有时会遗憾地用下面的话拒绝：

“我现在不能。我需要吃晚饭。”

“我现在不能。我得回个电话。”

“不。我得去买东西。”

“我没有时间。”

“不。我还有很多事情要做。”

“我现在没心情。”

“现在不是时候。”

“我头疼。”

“我现在身体不舒服。”

如果男人在性生活中总是遭到拒绝，他就会受到伤害，他的性信心就会降低。长此以往，男人发起性爱请求的时候就会犹豫不决，他就会逐渐丧失对性爱的欲望。更为严重的是，他可能开始对不拒绝自己的其他女人有想法，或者对

> 如果男人在性生活中总是遭到拒绝，他就会受到伤害，他的性信心就会降低。

任何女人都没有兴趣。

为什么男人会有被拒绝的感觉

杰克和安妮结婚七年了，在第四年的时候，他们的婚姻也面临激情慢慢褪去的问题。咨询的时候，安妮对杰克说："我想念那些有很多性爱的日子，那是我们曾经在一起度过的，对吗？你现在是不是对我很失望啊？"

杰克看上去很吃惊："可是我一直想要性爱啊。很多次我想要你的时候，你总是情绪不高。"

安妮问："你都不问问我，怎么就知道我没有那个情绪呢？"

杰克说："我可以判断的。我被拒绝的次数够多了。"

……

讨论的时候，安妮并没有意识到杰克会因为她没有情绪而产生被拒绝的感觉。安妮一直认为，她喜欢和杰克做爱，杰克不应该有那种感觉。

从理智上讲，杰克同意安妮的说法。在情绪上却完全不同。对一个男人来说，性爱遭到拒绝是最敏感、也是最伤感情的事。

从生理的角度解释，男人比女人更容易被性欲控制情绪。男人的头脑中总有性欲是很自然的。也正是因为男人对

性爱的渴望，所以，不能如愿的时候便会觉得很受打击。

正如我们前面讨论的那样，只有在男人的性欲激发起来之后，才能真正学会感觉。同样，男人“性”致勃勃的时候，也是男人最脆弱的时候。也就是这时候，他才可以深切地感到被拒绝的痛苦。如果他感到被自己伴侣的拒绝所伤害的话，性欲的激起只能加深这种伤害，之后可能会勃然大怒，连他自己都不知道是为什么。

男人“性”致勃勃的时候，也是男人最脆弱的时候。也就是这时候，他才可以深切地感到被拒绝的痛苦。

如果男人不知道怎样避免这种不愉快的情况，就会进一步加深他的挫败感和痛苦。结果，他便对自己的伴侣失去了“性”趣。

生活中有很多这样的例子。男人的性取向给了不会拒绝他的其他女人，或者转到他从来没有关心过的女人身上。如果男人不在乎某个女人的话，即使被拒绝，也不会有那种复杂的感觉了。这就解释了为什么男人会和一个陌生的女人上床，却对自己深爱着的女人失去“性”趣。

男人为什么会有被拒的感觉？那是因为在他的心目中，有一个错误的假定：对方爱你，就要和你处处“合拍”。这时候的男人忘记或者忽略了一个重要的真相：男人来自火星，女人来自金星。因此，他注定要受到惩罚。今天失望，明天沮丧，情感关系一波三折，皆因这个错误的假定！

女人也喜欢性爱

女人喜欢性爱，但撩拨起她们的性欲，需要更多的条件。男人不了解，因为在他的信息库中，听说过太多关于女人不喜欢性爱的信息了。为了让热情和吸引不在岁月里消沉，男人必须明确地知道，女人喜欢跟他做爱。

我们都知道，男人在十七八岁的时候，性欲是最强烈的。而女人到三十六到三十八岁的时候，才是性欲最强烈的时期。女人的性欲旺盛期比男人迟缓，这与男女在性爱中的体验是很相似的。男人几乎不需要前戏就能有性高潮，而女人则必须经过全方位的挑逗才行。自然而然，男人就认为女人不像自己那样喜欢性爱了。

男人的母亲对性爱的态度也会影响他们。如果男人在十几岁的时候，母亲就禁止他了解和接触性爱，他可能就会认为性爱是不对的。在他以后的生活中，如果遇到一位心仪的女人，这些潜意识就会跳出来左右他的意志，犹如一个声音告诉自己："我不能给她发出性爱的信号，这是不对的。"

这些潜意识虽然不会直接导致一个男人失去"性"趣，但肯定会使男人对性需求被拒绝变得更加敏感。当女人没有情绪的时候，男人的潜意识就会感觉："我早就知道这样

了，她根本就不想要性爱。”

解决这个问题的办法只有一个，那就是女人不停地给男人这样的信号：“我很喜欢性爱。”女人接受偶尔的快速性爱是给男人最有力的支持。另一个支持信息就是，不管男人什么时候想要做爱，都表现出非常支持的态度。

当女人说“不确定”

有时，男人这样问女人：“你想要做爱吗？”如果女人的回答是“我不确定”或者“我不知道”，男人就会误解，并且错误地认为自己被拒绝了。他认为女人说“不知道”实际上就是礼貌地说“不”。

男人不明白这里的奥妙，因为男人是太阳而不是月亮。如果问男人他要不要做爱，会得到一个绝对的结果。太阳要么升起，要么落下。他将马上确定自己是不是开始行动。

当女人不能确定是否性爱的时候，就意味着她需要一点时间、注意力和交谈来确定自己到底要不要。男人明白这一点后，就不会轻易产生被拒绝的感觉，也就不会随便放弃要求了。

如果女人对是否性爱犹豫不决，男人不要立即放弃。相反，他应该问：“跟我做爱能成为你生命中的一部分吗？”

女人一般都会有肯定的回答。男人有时会对女人这么快就回答自己的问题惊讶不已，女人说：“当然了，我经常想跟你做爱。”这对男人来说，是绝妙的音乐。

接下来，女人就会谈到现在不想性爱的种种原因了。她会说：“我不知道时间够不够用，我还得洗衣服呢。”或者说：“我不确定自己的想法，现在我脑子里的事情太多了。我觉得做爱要全身心地投入，而我现在不能。”

男人会发现，女人并没有拒绝自己的要求，她只是需要交谈，然后慢慢点燃她的欲望。很多时候，女人说了一大堆不愿意做爱的理由之后，性欲渐起，最终说：“我们做爱吧。”

如果女人真的“不确定”，拒绝的时候也要采取一定的技巧。她也可以使用这样的办法，让男人探索她的最终决定。举个例子来说吧——

他说：“你想要性爱吗?”

她说：“我也许想要，但我不是很确定。我还得买菜，做家务，我还没做……”

先让男人知道自己“也许”想要性爱，这样会让男人继续耐心地听自己说下去，也会理解不在状态的原因。

男人喜欢性交，女人喜欢做爱

男人判断女人是否喜欢性爱的另一个方法是，看女人对

“性交”这个字眼的敏感度。埃里克说：“我记得我曾经的恋人拒绝说‘性交’这个词，她宁可说‘做爱’。如果我用‘性交’发起请求的话，她就会拒绝我，甚至像审判一样。我可以理解她偏好‘做爱’这个词，但我不理解‘性交’有什么不好。我的心灵要爱，但是我的身体却更想要性。一段时间之后，我失去了和她做爱的兴趣。最后，我们分手了。”词语的微妙，最终导致了大问题。

埃里克后来同丹捷尔交往的时候，丹捷尔也是用“做爱”这个词，而不是“性交”。埃里克对此已经有了一定的经验，他决定要说明白一些事情。

他告诉丹捷尔，他真的很喜欢管它叫“性交”，但是他也能接受“做爱”这个词。后来两个人达成了默契，他们的性交就是做爱，丹捷尔也同意埃里克用“性交”，因为他们的性生活总是充满了爱。

埃里克说：“如果我不得不说‘做爱’，而不是‘性交’的话，我会觉得自己在欺骗她，或者说我不得不掩饰自己对性的渴望。”讨论解决了大问题，改善了两个人的性关系。

很多夫妻认为，“性交”这个词有点不雅，那么就创造一些暗语吧。暧昧的暗语会让生活更有趣一些。

一对夫妻跟我说了他们的暗语。对他们来说，“航海”就是指做爱。如果丈夫想要进行性爱的话，他就会说：“今天真是阳光明媚啊，你愿意去航海吗？”

妻子有时候也会说："今天天气真不错，也许我们可以……"丈夫马上接着说："航海！"他们都笑了，一起准备度过一段美好的时光。

假设"航海"是你的暗语，对于时间较长的精致性爱，你可以说："我们去远洋，好吗？"

假设丈夫想要性爱，妻子却没有情绪的话，她会这样建议进行快速的性爱："我们使用快艇吧。"瞧！这多有创意啊。你也找一些可以和伴侣增加情趣的暗语吧。

媒体的误导

现在，媒体的广告千篇一律，身段妖娆的性感女郎，被成批复制到杂志上，为各种产品提供所谓的"形象代言"。这些"代言"们搔首弄姿，似乎正在对男人说："来吧，我想要你。我已经为你准备好了。我渴望得到你，我是你的。我想要更多的性爱。来吧，得到我吧。"

无疑，男人喜欢看性感的女人。当男人脑子里充满性幻想时，即使身处现实世界，他也会觉得天下就他没有充满激情的性爱。如果她的伴侣没有性爱情绪的话，他就会认为有什么地方不对劲儿了。

现代社会的讽刺之处在于，性充斥着媒体的每一个角落，但是越来越多的女人却在抱怨自己的丈夫失去了性的本

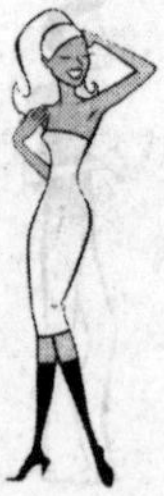

能。男人在性幻想里沉浸得越深，回家之后就越容易产生被拒绝的感觉，也就越容易失去对伴侣的“性”趣。这并不是抱怨自己的伴侣没有电视或杂志上那些女郎的完美身材，而是因为男人的兴奋在性爱中受到了阻碍。

女人必须知道这一点：不是女人的魔鬼身段吸引了男人，而是她们看上去对性爱很开放吸引了男人。女人要想男人一直对自己着迷，根本不用费尽心机同电视里的女郎比较，也不用减肥缩食、塑造自己完美的身材，事实上，她仅仅需要在性爱中加入更加积极的交流，以及学会不拒绝性爱。

女人要想男人一直对自己着迷，根本不用费尽心机同电视里的女郎比较，也不用减肥缩食、塑造自己完美的身材，事实上，她仅仅需要在性爱中加入更加积极的交流，以及学会不拒绝性爱。

男女双方的要求是一致的

男人有时会觉得自己在性爱中处于被动。他想要性爱，前提却是女人也想要。女人也同样认为自己处于被动。女人渴望亲昵的行为或者甜蜜的沟通，男人却对此毫无兴趣。

其实，男女双方的要求是一致的。女人可以通过比较自

己和男人对感觉、交流和亲密的敏感程度，理解男人对性爱的敏感。同理，在理解女人的时候，男人也需要换位思考。

如果女人想要交流却不断地遭受拒绝，绝对是一种痛苦的经历。如果不能理解男女之间的差异，不能利用高级技巧建立两人之间的交流平台，那么男人情绪上龟缩的举动可能会狠狠地伤害女人。过一段时间之后，女人甚至感觉不到自己对他的爱，也很难对他放开自己了。

女人可以利用技巧把男人从龟壳里拖出来，男人也可以利用技巧让女人放开对性爱的态度。读完了我的这本书后，你将意识到，你并不是在努力说服你的伴侣爱你，而是应该用这些高级技巧支持他/她。成功地爱他/她，她/他就能成功地爱你。

如果没有这些技巧，三四年后，夫妻间就慢慢失去了最初的热情和吸引。在下一章中，我们将一起探讨为什么夫妻之间的性爱变得越来越少。

第6章

Mars and Venus in the Bedroom

火星人追求男欢，金星人追求女爱

男人和女人有着不同的情感和性爱需求，人们却常常无视这一事实，所以不清楚，怎样恰当地给予对方爱。换言之，男人给予女人的爱，只是男人所需要的。而女人给予男人的爱，则是女人所需要的。他们错误地以为，对方的需求和渴望，与自己完全一致，由此导致的结果就是，双方皆无满足感，彼此心生怨恨。

男人和女人都感到，他们一再地给予，却从未得到回报。爱总是“付诸东流”，既不被重视，也不被接受，让他们难以忍受。事实上，他们的错误在于彼此付出的爱并不是对方渴望的形式。

现代社会，夫妻之间的性生活比媒体上建议的要少得多。是的，很多对性爱充满期盼的男女结婚之后，就会发现其他一些事情在短短几年时间内迅速上升到了主要地位，性生活也因此被忽略了。

造成这种情况的首要原因是：男人感觉他在性爱中越来越被动，而女人再也感受不到浪漫和温情。女人并不认为没有积极的性生活会给男人带来消极的影响。同样，男人也不认为女人要依靠浪漫和交流来打开心扉，调动自己在性爱中的情绪。

一言蔽之，女人不明白火星人追求的是男欢，是性交的欢乐，男人在性交中体会到的是释放的愉快，是自信心的恢复，是能力的体现。而男人也不明白金星人追求的是女爱，

在做爱中，女人要感受到爱的交流。如果缺少了爱意，性交往往会让女人很难接受。这就是为什么男人喜欢说“性交”，女人喜欢说“做爱”的原因。“性交”这个字反映的是男人目的性，它赤裸裸地揭示了事情的本质，但在女人看来，它太僵硬，缺少温情和浪漫。“做爱”反映的是女人的追求，它充满了爱意，让事情蒙上了温情和浪漫的面纱。但在男人看来，它太晦涩又难懂，甚至容易产生歧义，目的性不明确。因此，我们只有了解了男人和女人的不同，才能在此基础上建立起彼此都满意的性生活。

想要避免男人被动的感觉，夫妻间应该建立一种自由、积极和宽松的性爱交流环境，让性爱随心所欲。当男人不断得到这样的信息，并且坚信他的伴侣很愿意跟他做爱的时候，他的性欲就能保持健康、旺盛。

男人的性技巧对女人来说无疑是一针兴奋剂。此外，男人情感的投入也可以激活女人的性欲。在健康的夫妻关系中，顺畅的交流和爱情的温慰对女人是最重要的，对男人来说，除了爱情之外，满足伴侣的性欲也很重要。

如果女人喜欢性爱的感觉，男人就会信心十足。这时候，他会不断发起性爱攻势。如果男人不得不费一番口舌才能跟伴侣做爱，他的主动性就会严重受挫。最终，他变得郁郁寡欢，缺少“性”趣。

男人要保持激情和活力，就必须感受性爱的主动和自

由。这就和女人需要男人聆听自己的倾诉是一个道理。

这是因为，男人最大的恐惧之一，就是自己还不够好，或者是能力不济，不能满足女人的需要。在男人的潜意识里，有着一种错误的观念：他还不够好，他远远谈不上出色。这种感觉往往形成于孩童时期。人生道路上的种种挫折，使得他的观念不断强化。男人的表现得到肯定，自然会欢欣鼓舞，若是他的女人不在乎他，他就可能自轻自贱，斗志全无。

男人要是实在不想和女人谈话，也必须非常委婉地拒绝。他可以说："我希望可以理解你的感受，但首先我需要一点时间单独呆一会儿，然后我们再来谈。"如果男人理解伴侣的感受并且开始主动搭话，女人则更能体会到爱情的存在。

同样，女人没有做爱的情绪时，也必须很小心地告诉男人她很喜欢和他在一起，这时，男人在被爱着的感觉下，自尊心才不会受到伤害。男人需要学会倾听，也许女人的情绪过一会儿就好转起来，也就可以接受男人的性爱要求了。只有倾听女人的感受，男人才能证明他的关心，他的理解，他的尊重；展现他的忠诚，他的体贴，他的安慰。

有了这种意识之后，女人就更容易适应男人的敏感，也更愿积极地寻找让男人感到性爱自由的方法。

其实，男人比女人更脆弱

正常的情况是，男人比女人的性欲强，并且愿意坚持不懈地主动性爱，女人早晚会被他的欲望所俘虏，也越来越喜欢性爱。

但性爱是一种微妙的平衡，有时候男人比女人更脆弱，更容易失去平衡。男人主动示爱多次受拒后，会变主动为被动。如果男人觉得自己每次都不得不等待女人主动，那么他的性欲会逐渐变弱，就连他自己都不知道这是为什么。生理的天平倾斜后，男人对性爱的要求比女人还少。

一旦女人的性欲比男人强，总对他的性能力不满时，他的性欲就会开始彻底丧失。男人认为自己被迫与女人发生性关系，不得不为女人而假装性欲高涨。

女人假装高潮的压力必然扼杀她们真正自发的性欲。对男人来说，压力的危害是女人的十倍。

女人假装高潮的压力必然扼杀她们真正自发的性欲。对男人来说，压力的危害是女人的十倍。

男人是不能像女人那样假装性高潮的。女人可以轻易地掩饰自己，假装一切都是那么美好。男人绝对不能。

性欲减淡让男人压力增加，压力增加又让男人性欲减淡，这样不停地循环下去，结果越来越糟糕。一旦男人不得不假装性欲旺盛，那么，什么事情都有可能发生。性欲减淡让男人压力增加，压力增加又让男人性欲减淡，这样不停地循环下去，结果越来越糟糕。

面对疲软的男人

很多夫妻面对这样的问题，不得不放弃性爱。女人能感觉到男人的尴尬，于是就主动抑制自己的性欲。女人不知道该做什么。如果她研究这个问题，男人会感到羞耻；如果她尝试继续性爱的话，男人又会觉得很累，或者根本就没有情绪。

幸运的是，我们还是有办法来解决这个问题。正像男人可以在女人没有情绪的时候和她进行快速性爱一样，女人也可以在男人没有情绪的时候运用一些相关的技巧。正像男人可以在女人没有情绪的时候和她进行快速性爱一样，女人也可以在男人没有情绪的时候运用一些相关的技巧。

大卫发现自己的妻子变成了一个“欲女”，比自己更渴望性爱。苏经常是情绪满满，大卫也是其乐融融。一切都很完美，他们一周做爱几次，有时甚至一天两次。终于，大卫有点支撑不住了。

起初，他不知道怎么拒绝。即便自己不在状态也只能配合。很快，他便开始感到假装的压力了。性爱对他来说不再是一种放松和快乐，反而成了一种责任或者义务。这种感觉相当不好。为了避免自己再有那样的感觉，大卫觉得自己应该说“不”了。他还是不知道该怎么做才能既拒绝苏，又不伤害苏的感情。

有一天晚上下班回家，他坐在床上看新闻，苏过来抱住了他，开始轻轻亲吻他的大腿。

大卫阻止了她，说道：“我今晚太累了。我真的需要看会儿新闻。”然后，为了不让自己拒人于千里之外，他不假思索的补充了一句：“你为什么不先上楼准备一下呢，我一会就来。”

大卫接着看电视，逐渐忘了自己的许诺。他很累，开始有些昏昏欲睡了。就在这时，他听到从楼上传来很小的声音：“大卫，我准备好了。”

不知道为什么，大卫的身体突然觉醒了。他说：“我马上就上来。”

因为有一定时间的准备，苏很快就进入了高潮。几秒钟后，大卫也兴奋异常。苏很高兴得到了自己想要的性爱，而这对大卫来说也是很宝贵的经验。大卫无意中使用了一种技巧——延缓，并从中受益，他再也不用应付了。

重拾男人的“性”趣

两性关系的理想状态是，不管发生什么，我们都不应该把自己的不愉快归咎于对方，尤其是在性方面。在两性关系中，常常会出现这样的情况：

> 女人抱怨说：“我们为什么老是这么仓促？”或者，“你为什么总是急三火四，像赶场似的？”

其实，这只是女人在倾诉自己的感受，但大多数时候，男人会听成：“你不该把自己弄得这么仓促！你从来没有让我满意过！真不明白，你怎么还是老样子？你这个人太差劲了。你似乎并不爱我！”显然，男人将女人的感受误读为一种责备。于是争吵便会产生。

在相当多的情况下，争吵的内容并不重要。值得注意的是表达情感的方式和手段。常见的情形是：一旦男人感受到来自女人的压力，他会想方设法“制服”对方，以证明他的立场的正确性，从而忽略表达内心的爱意，不再以关心、安慰、尊重的方式，与伴侣进行沟通。男人甚至没有意识到，在伴侣的眼里，他的态度何等冷酷而无情，由此给伴侣带来很大的心理伤害。此时，即便是不起眼的争论，对女人也不

啻是“当头一棒”。于是，她奋起反抗，一次无关紧要的谈话，很快就变成一场大是大非的对抗。作为女人，她会极力抗拒丈夫缺少爱意的姿态。

在两性关系中，如果男人缺乏关心和体贴，无视伴侣的感受，女人就会心酸、恼火、愤怒。她会情不自禁地做出结论：男人是故意与她为难，带给她难堪的感觉。男人错误地以为，对方抗拒的是他的想法，殊不知他缺乏爱意的表达，才是导致妻子伤心和愤怒的原因。男人不了解女人的感觉和想法，所以一再强调自己的正确性。他从未考虑过他谈话的方式是否恰当，是否能为女人所接受。

男人没有意识到，不恰当的交流方式，才使得争吵越发激烈。他甚至错误地以为，伴侣是故意与他作对。所以，他极力捍卫自己的立场。女人同样针锋相对，不想丈夫给她造成伤害。

但是，男人很少顾及到伴侣的感觉，就不可避免地让她受到不同程度的伤害。男人却自认为其表达方式恰如其分，可圈可点。在男人眼里，某些表达方式“温文尔雅”，不具有任何伤害性，女人却难以承受。因此，男人常常不知道，他给伴侣造成多么大的伤害，他甚至始终不明白，女人为什么极力反抗？

女人也会犯下类似错误。在情感的“鏖战”中，男人的心已在流血，女人却一无所知。就像男人一样，女人感受到威胁和“挑衅”，也会不留情面，显得“恩断意绝”——她的话语缺少信任，字里行间尽是不屑和拒绝，这对男人无疑是“重磅炸弹”！尤其在恋爱之初，男人格外看重女人的态度。即使微不足道的指责和批评，也会大大地挫伤自尊，让他心灰意冷，垂头丧气。

女人应以恰当的方式释放消极感受，应当给男人更多的信任和接受。不然，男人就会做出不利于她的反应。譬如，他会“将错就错”，更加固执己见，令他的女人不明就里。女人常常没有意识到，不信任的态度，会给男人带来多大的冲击和影响！总而言之，要避免无谓的争吵。

例如，在男人很累、没有性爱情绪的时候，女人可以假装什么事都没发生，男人将会很感激女人的大度。否则，男人可能要承受假装性欲的压力。

有时候，一旦夫妻间停止了性爱，就很难再重新开始了。这种中断可能会酿成疾病、引起争吵或者造成关系紧张。夫妻间失去了有规律的性生活之后，会有一段时间，一切事物看上去都很不正常。长时间中断性爱后，再重新开始是很难的。如果你使用一些高级的卧室技巧，就不难重新回到正常的轨道上来。

吉姆失业几个月了，情绪非常消极。朱丽叶，陪伴他十三年的妻子，知道吉姆需要空间，尽力让自己具有耐心。但是，她还是由于很久没有性爱而变得沮丧。后来，吉姆找到

了一份新工作，感觉好多了。所有的事情都好了起来——除了性爱。

我教他们一个重启性爱的办法。我建议朱丽叶想要性爱的时候，这样和吉姆说："我今天的情绪真的很高，但我也知道你很累了。如果你要加入，我会感觉很好。"

第二天，朱丽叶给我打电话，留下了一条非常令人高兴的留言。她说，这样的方法太神奇了，吉姆也很感激。有时候，仅仅是一种好的经验，男人就可以重新骑马奔驰。性爱越容易，你得到的也就越多。

挑逗男人的打扮

帮男人找回"性"趣的另一个绝招是：信暗号。女人可以学习用一种间接的方法挑起男人的性欲，让男人有时间克服不想性爱的情绪，直到最后的"性"致勃勃。

这些信息极具个性化，因人而异，我仅仅列出一些普遍的信号以供参考，这些信号主要是通过女人在床上的打扮来传递信息。我给出的这些适用于绝大多数女人。当然，每个女人都很特别。

黑色蕾丝或者吊带袜

黑色的蕾丝或者吊带袜是很明显的性爱信号。

暗示性的黑色绸缎睡衣表明了她的态度，她想要火热、精力充沛、激烈的性爱。这不是单纯地想要性爱，而是十分渴望性爱。

白色丝绸

女人穿着白绸缎的睡衣，说明她想要敏感、温柔、充满爱意的性爱。这时候，女人好似处女一般，希望他可以慢慢地进行，温柔地爱护。

粉色丝绸或者蕾丝

女人穿粉色的丝绸或者蕾丝，说明她已经准备向狂野的性爱投降了。她想要感觉男人的力量，臣服于男人的狂野。她已经欲火难耐了，男人的热情、渴望和着迷就是最好的回应。

迷人的香水和异国情调

女人身体散发出香水的味道，男人会产生一种美妙的陶醉，男人将尽情享受她身上的香气。对多数男人来说，女人身上迷人的香水味或者异国情调的服饰，将使两个人的性爱富有激情。男人必须小心地控制自己的情绪，慢慢地享受性爱，陶醉在每一个阶段。

黑色胸罩和黑色内裤

女人穿着黑色的胸罩和黑色的内裤，说明她想要比平常更激动、更有进攻性的性爱。女人的内心深处，想和男人一起跳舞，在最后的高潮中结束，她要以自己的速度控制他的热情，投降于男人的爱情。

宽松的睡衣，不穿内裤

如果她穿一件女式短T恤，配一条短裤；或者穿一件宽松的短睡衣，而不穿内裤，说明今晚她不需要很多的前戏，或者她不确定自己能否有性高潮。也许，她只想通过男人进入她的身体来感觉爱情，或者通过男人在她身体里的高潮而心满意足。

裸体上床

如果她是裸体上床的，在享受男人的调情后，她会很快发现自己处于哪种性爱情绪之中。也许，女人就是简单地准备接受任何形式的性爱。

耳坠或首饰

女人戴着耳坠或其他首饰上床，她会觉得自己很美，希望男人能献上很多吻。这可能意味着她想要非常放松的性爱。男人最好的调情方式是不停地赞扬她有多美。

旧棉法兰绒

如果女人穿着旧的棉质法兰绒，那么很明显，她没有做爱的情绪！不过，这是拥抱的绝好时机。男人可以简单地靠近她，抱住她，爱护她。

性爱的服饰

用服饰表达女人的性爱感觉和情绪，男人可以解读自己在性爱中的位置，感觉是否被需要，是否受欢迎。我上面所列出的信息，当然不是对每个女人都适用的，但它们确实给男人提供了一个标准，以此来解读女人的性信号。这些例子也许会帮助女人意识到服饰在性爱中的重要性，让女人知道还能以这样的方式暗示男人。

一次偶然的机会，我才开始注意到，我的妻子正在通过服饰向我传递性爱信息。在床上亲热了一会儿之后，我的妻子坐起身来，说她想要换一下衣服。我说："为什么在意穿什么呢？我马上就得把它们脱下来。"她走向衣橱，微笑着回答说："是的，但是我想让你脱下特意选择的衣服，这会真正代表我今天的心情。”从那时起，我开始留心她的穿着，以及服饰表达了她怎样的性爱心情。

美妙的性爱信号

其实，女人不用直接告诉男人她的性爱心情，她可以通过一些巧妙的方式让男人知道。我们来看一些简单的例子，看女人怎样通过间接信息将她的性爱情绪暗示给丈夫。

下面列出的一些信息，有的对你有用，有的对你没用。就像选衣服一样，你要挑出自己需要的，最好是能激发你的灵感，创造出属于你们自己的性爱信号。

洗澡

玛丽总是通过洗一个长时间的澡，来向她的丈夫表示她的状态不错。在洗澡的时候，她听一些适合自己情绪的音乐。温柔舒缓的音乐代表温柔舒缓的性爱，摇滚乐则代表她需要激烈的性爱，爵士乐意味着性爱的过程将持续较长的一段时间。

蜡烛

苏珊有性爱的情绪时，会在床头点一枝蜡烛或熏香。瑞秋有情绪时会享受烛光晚餐。

巧克力

如果沙丽让汤姆给她买一块巧克力，汤姆就会知道今晚会有激情的性爱。他的妻子总在身体需要性高潮的时候对巧克力有一种特别的欲望。

点火

卡洛尔有时会在卧室的壁炉里生火，或者让她的丈夫帮她点上。然后，她坐在床边，看着她的丈夫，让他知道，她多么爱他。

等候

平时，格朗特出差回家，特里莎早就上床睡觉了。但有时候，她会一直等着他。他回家的时候，她还在床上看书。如果格朗特刚走进卧室，特里莎就把书收起来，他就知道她需要性爱了。

晚餐

克伦想要性爱的时候，会给丈夫做他最喜欢吃的土豆泥大马哈鱼。

果实

汤姆曾经告诉杰希，一些果子对他来说就像壮阳剂一样。如果杰希想要性爱，就会买回一些特殊的果子。有时，她一早儿就把它们摆到桌子上。这样汤姆会有足够的时间来调动情绪，憧憬他们晚上将要进行的美好性爱。

特别的酒

玛格里特想要和自己的丈夫做爱时，就会买一瓶特别的酒。有时候，她也会让她的丈夫在下班回家后捎回来。

偎依

如果切里尔在散步的时候偎依到他怀里的话，他就知道她想要性爱了。

三个吻

玛吉有时在见面吻之后，再亲自己的丈夫两下。这三个吻接踵而来，她的丈夫就知道此中的含意了。

按摩

艾维丽想要性爱的时候，会让她的丈夫为她按摩脚。莱斯里则会为她的丈夫做按摩。

竖起旗子

我最喜欢的性爱信号出自于一部描写蒙古家庭的电影。如果妻子想要性爱的话，就会竖起一面旗子。丈夫一回家就会看到旗子，就会理解她的暗语。然后，妻子骑马跑开，丈夫则带上绳索追赶，将她从马背上套下来，同她摔跤，最后，他们开始做爱。这场小小的竞赛，绝对激起了两个人性爱的欲望。得到妻子间接但却明显的允许之后，他追赶她，抓住她。虽然一切都是由妻子安排好的，但她仍然沉醉于狂热地追逐中，直到最后融化在丈夫的怀抱里。

小心“带刺的玫瑰”

在回应性信号时，男女双方都要小心“带刺的玫瑰”。当女人在男人面前脱衣服，向男人表达她的性爱情绪时，即使男人很累了，也不要愚蠢地说：“我不想。”男人可以巧妙地把头转向枕头，轻声叹息道：“啊哈，终于可以睡觉了，真是累死我了。”这已经很明显地拒绝了伴侣的性爱请求。这样做避免了直接拒绝给女人造成伤害，也避免了男人

不得不说他不能做爱。

面对男人的无动于衷，女人千万不要话中带刺，一味地追问。这种追问不仅能彻底打消男人的积极性，也可能阻碍男人以后的性情绪。记住，千万不要问这样的问题：

“怎么了？”

“难道你再也不想跟我做爱了吗？”

“你过去很愿意做爱的。”

“你是不是觉得我胖了？”

“你觉得我还有吸引力吗？”

“难道你对我没兴趣吗？”

“你还爱我吗？”

“也许我们应该就此谈一下。”

“也许我们应该寻求帮助了。”

“过会儿，我们要做爱吗？”

“今天晚上你一直在看别的女人。你是不是不想跟我在一起了？”

“你是不是想跟别人在一起啊？”

“我做了什么让你没有性欲？”

“你为什么不想要呢？”

“有什么不对劲儿的吗？”

当然，女人可以找合适的机会再问这些问题。但是，绝对不要这个时候问。相反，在这个敏感的瞬间，女人应该表现出一切顺利、没有问题的样子。

通过一些中立的、间接的方法，女人要传递这样的信息：如果你有了情绪，我随时欢迎。互相理解有很大的魔力。男人知道自己掌握了加入或者退出的选择权后，通常会选择加入。这种方法很有效，男人不会有压力感。

夺回“发球权”

夫妻停止性爱的主要原因之一，就是男人丧失了性爱的主动权，或者女人太过频繁地主动示爱。每次都要女人掌握“发球权”，久而久之，不仅女人会感到很失败，男人也会逐渐失去跟她做爱的兴趣。

通常，女人不知道，如果她们追求男人超过了男人追求她们，男人将变得很被动。一种原始的能量让男人知道他追女人才是天经地义的，如果女人承包了所有的工作，男人就会失去“性”趣，甚至不知道是什么原因。

所以，女人掌握了“发球权”，男人就不知道自己的位置在哪里。当女人表现出男性化的一面时，男人则向女性化的那一面进了一步。这种不平衡会慢慢腐蚀婚姻中的激情。

大多数情况下，男人不知道为什么丧失了对伴侣的

"性"趣，甚至可能误以为他已经不迷恋她了。正如我前面指出的那样，女人应该用一种间接的方式挑起性爱，帮她的伴侣塑造男性化的一面，引导他对她产生欲望和追求。

绝大多数男人都不知道，性信心和欲望很强的女人最终会让男人疲软。有些男人起初很喜欢这样的女人，但不久也会突然失去对这个女人的兴趣，自己也不知道为什么。道理很简单，刚开始的时候，性欲旺盛的女人确实令男人痴迷，因为他觉得自己解放了，不用再冒着被拒绝的危险主动发起性爱请求了。时间久了，他的热情也会逐渐消失。

同样，女人也常常抱怨她不希望主动挑起性爱。为此，我建议女人可以将注意力集中到给男人传递性信息上，这样的暗示让男人可以很放心地夺回性爱"发球权"。

女人偶尔主动是没问题的。它之所以成为一个问题，是因为主动的次数太多了。慢慢地，男人越来越被动，"性趣"就越来越黯淡。

当女人不感兴趣时

男人往往会因为妻子不热衷于性爱而失落。这时候，女人必须明确地传递信息给男人，让他知道女人也很喜欢性爱，否则，男人可能会失去对女人的耐心。突然间，一个他从来不认识的女人，也是从来没有拒绝过他的女人，将在男人眼里更具吸引力。

现代社会中，男人婚外越轨的行为比女人多得多。没有良好的交流和浪漫的技巧，夫妻会逐渐丧失对彼此的吸引。女人可以在自己的想象中满足自己，而男人则要通过一些风流韵事来发泄自己的郁闷和幻想。

过去，女人被迫放弃自己对性爱的要求，以便适应建立一个家庭的常规伦理。对女人来说，家庭的存亡比性爱的满足更为重要。女人甚至将完美的性爱当成是一种无法承担的奢望。而男人对付女人性欲减少的办法，就是直接从别的地方找寻性爱。

不幸的是，一旦男人移情别恋，女人就更难对丈夫有性欲和热情了。结果，家庭保住了，爱情和浪漫却消失了。

男人背叛爱情、制造风流韵事的主要原因是他不知道如何激活伴侣的性欲热情，不知道我现在讲的高级卧室技巧。随着这些技巧的应用，我们现在可以在火焰熄灭之后使它重新燃烧。在下一章中，我们将探讨怎样重燃激情之火。

第7章

Mars and Venus in the Bedroom

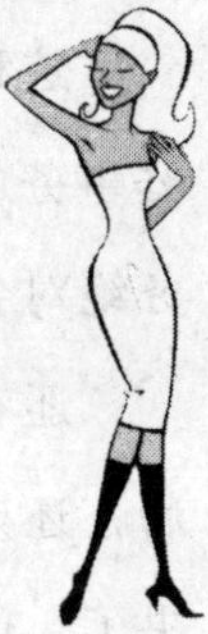

点燃她的火，点燃他的火

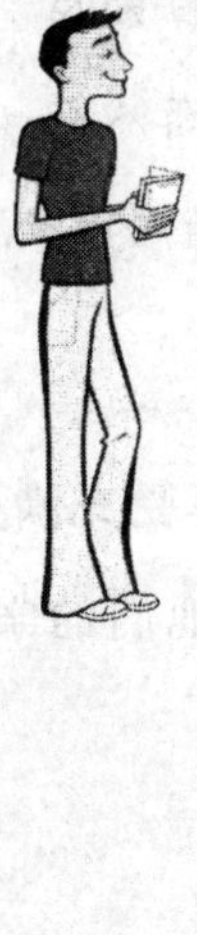

白天分开的时间，恋人们可能会对彼此的欲望非常强烈。但是当他们回到家后，却莫名其妙地失去了这种感觉。比如说，丈夫在工作中有时会很想念妻子，可是他回家后，却没有欲望了。女人更是会随时幻想更多的浪漫，然而，一旦到家后，这种感觉就消失了。

这种现象可能是由不同的原因引起的。最简单的就是家庭事务的繁杂琐碎冲淡了浪漫的感觉。是的，太多的日常事务绝对会减少两个人的热情。

还有一种原因，就是两个人在不愉快的对话甚至争吵之后，还残留了一些坏情绪。说得宽泛一些，问题可能已经解决了，但不是以理想的方式解决的。两个人保留的不同意见一离开家庭的环境，就可以很快忘掉，但一回到家中，冷战的状态又会立刻恢复，伴侣的吸引力也就突然消失了。相信我，运用高级卧室技巧，重新燃起夫妻的激情之火，完美性爱过后的彩虹会将所有不愉快一扫而空。

虽然大多数情况是先产生爱意，然后才享受性爱，但是，有时候享受充满爱意的性爱反过来却可以增强恋人间的感情，增进他们的亲密感。

虽然大多数情况是先产生爱意，然后才享受性爱，但是，有时候享受充满爱意的性爱反过来却可以增强恋人间的感情，增进他们的亲密感。

有时即使女人表面很冷漠，只要她在激情的性爱中接纳了男人的爱意后，也会爆发出火一般的热情。男人也是如此，完美的性爱让男人终身难忘。也许伴侣们太习惯定期进行性爱了。出了家门，他们可以自由地感觉性欲，但在家中，不得不让老套占据了上风。长此下去，夫妻间的性欲剧减，很难再恢复到原来的状态。我们必须掌握一些高级的卧室技巧，这样，即使热情消失，我们也有办法让它重新燃烧。

换个地方，感觉大不一样

有一个最简单，却最有效的方法，让夫妻重温初恋般的激情：从家里逃出来吧，带着伴侣，到酒店度过一个浪漫的夜晚。

每月至少要在外面过一次夜。如果你不能去一些旅游区或者附近的小镇，那么就到当地的酒店吧。有时候，仅仅是换一张床睡觉，也将让你们焕然一新。

女人长时间深陷繁重的家务中，不能自由地感觉浪漫，她将渐渐丧失情绪。激情的火种总是在她感觉自己像年轻的少女时，才能燃烧起来。她需要从日常的、枯燥的家庭责任中逃跑，从公式化、单调的生活中逃跑，暂时把所有的家庭责任抛在脑后。仅仅是计划一次逃离，可能就会让她激动不已、幻想不停。

男人必须懂得，女人激情释放的征兆，是喋喋不休地说话。在旅途中，她可能会一路说个不停。女人尤其需要倾诉来缓解自己的压力，以便轻松地抛开家庭的责任。

经过放松的旅程，女人到达目的地或酒店时，情绪已经相当好了。突然，一种在家里从来没体验过的新鲜感占据了她的心灵。她可能想要出去散散步，吃点东西。一旦女人感觉被呵护和照顾，她就会主动奉献出母性的温柔。这样，她内心深处的激情就被唤醒了。

另一个让女人放松的方法是购物——如果她喜欢的话。尽管购物对男人来说可能很麻烦，但男人需要学会品味妻子试衣服时的幸福。仅仅是发现一家商店，里面有她喜欢和想要的东西，就能帮助她暂时将注意力转到自己身上。即使最终也没买她喜欢的商品，她也是非常高兴的。

女人直接从发现的过程中获益。发现可以帮助女人意识到她喜欢什么，想要什么。

如果女人喜欢新的环境，男人就会感到自豪，因为他为女人带来了快乐，这种成功的感觉唤醒了男人的性欲。用这样的方式，他们将把所有的问题抛到脑后，完全彻底地享受彼此。

用文字点燃欲望

请尝试给伴侣写一封性爱的信，它将帮你发现点燃激情

的秘密。如果你一离开自己伴侣就会想念，但到家后却失去了感觉，那么，就在你想念的时候写下自己的感觉吧。就像我提到的那样，虽然家庭的琐碎事务很容易窒息激情浪漫的火焰，但我们身体内有性爱的需要，只要稍微撩拨一下，就能让它重新旺盛。

情欲沸腾的时候，想象和你的伴侣一起尝试性爱的场景吧。在信中，写写你想要做什么，然后描述一下你的感觉，就像它真的发生了一样。

亲爱的×××：

我真的非常想念你。我感觉有一种冲动，我等不及想要看到你，抚摸你……

好想拥你入怀，感觉你那柔美的身体，呼吸你甜美的味道，亲吻你甜美的双唇……我整个人、整颗心为之麻醉了。慢慢的，我们的吻会更加猛烈，你也张开了你的嘴唇，你的湿润膨胀了我的欲望，让我更加想要得到你。

我用手托住你的头，抚摸你美丽的头发，探索你的曼妙的身体。我也能感觉到你的手指，在我的身体上四处游走。

我知道，你在等待着我，就像我在等待着你一样。我将用自己的爱回报你。你就是我想要的全部。我耗尽了所有的热情，就想要跟你在一起，靠近你，进入你温暖而潮湿的身体。

你简直就是上帝给我的最大恩赐。爱情充满了我的心灵，我激情如火。我开始慢慢向深处运动。

时间好像停止了……每一次动作都给我一种灵魂的冲击，安慰了我灵魂中脆弱的神经。我感觉自己好像要爆炸了。

我们一起体验了爱情、快乐和着迷的感觉。闪电般的高潮在我们的身体内爆炸。

暴风雨过后，我们紧紧粘住对方，身与心合二为一。感谢上帝将你这么珍贵的礼物赐给我，感谢上帝让我们彼此相爱。

一直爱你的×××

当然了，不是每个人都是作家，细致地表达出想象的场景可能会有点困难。但这并不代表这些感觉不存在，只能说明你没有文学天赋。女人特别喜欢听到甜言蜜语，这也是她们花钱买浪漫小说的原因。

如果很难用文字表达自己的热情，我建议男人买一张问候卡，有诗意地传递自己的爱恋。无法确切地表达爱是很正常的事，专业的作家也一样。挑选适当的卡片来表达你的心意，和自己写作有异曲同工之妙。

这样的方法也同样适用于写性爱的信。从浪漫小说中，摘抄能表达你感觉的段落，将他们写出来，送给你的伴侣。记住，捕捉自己的感觉并把他们表达出来是非常重要的。

写好信后，要和你的伴侣一起分享这封特殊的信。安排一个特别的时间——至少要四十五分钟不受外界打扰——这样你就可以读这封信，或者让你的伴侣来读也行。你们共同阅读的时候，那些激情的欲望就又回来了，接下来，好好享受完美的性爱吧。

这个小手段已经帮助我和我的妻子多次了，我们就是用这样的办法重新点燃了彼此的渴望之火。我原来并不知道这些信对邦妮有多重要，直到有一天，邦妮告诉我她把它们收藏在一个很特别的地方，什么时候她感觉不到我的爱了，就会拿出这些信来看看。

性爱信不仅有利于改善夫妻的性爱关系，还能永久地记录双方在性爱过程中的感受。如果没有这些信的话，邦妮永远也不会知道，在性爱中我对她的激情有多么炽热。

如果一对情侣身处两地，比如说一方出差去了，或者两个人很长时间不能见面，他们可能就会处于性饥渴的状态。有时候，身处一间空荡的房间，感觉非常孤独，性欲不可节制地泛滥。那么，为什么不试着给伴侣打个电话呢？

这和写信的效果是一样的。

首先告诉你的伴侣你现在有多么想她/他，多么希望她/

他能在你身边。让你的伴侣闭上眼睛，想象以往你们亲密接触的情形。然后轮流讲话，对彼此的想入非非作出回应，间或描述一下你的感觉，描述一下你想象对方正在为你做什么，或者你在为对方做什么。如果双方都被调动起来了，就可以进入主题了。

虽然这跟现实的亲热和性爱不完全一样，但是已经很接近了。记住一点，这是你们的私人空间，不需要跟别人共同分享。

男人可以自由地选择性爱开始的时间，是一种令人难以置信的释放体验。这种自由是很美好的，但也必须满足一定的条件。那就是夫妻之间必须有良好的爱情交流。

男人一定要在其他时间问清楚，女人是否愿意被随时叫醒。除非妻子在放假，或者休息很充分了，否则她可能不愿意睡着了还被丈夫叫醒。

即使得到了她的同意，男人叫醒自己伴侣的时候，也必须轻手轻脚。如果男人在半夜叫醒妻子，而她并不反对，那是最好的情况，即使她说“不是今晚”也很正常。

男人听到“不是今晚”这样的话，没有脸红，也没有被拒绝的感觉，这就说明夫妻间的基础很好。无论什么时

> 无论什么时候，女人说“不”觉得顾虑很大，那么她可能会失去说“是”的能力。

候，女人说“不”觉得顾虑很大，那么她可能会失去说“是”的能力。没有什么比在不想性爱的时候做爱更糟糕的了。没有什么比在不想性爱的时候做爱更糟糕的了。尊重彼此的性爱需要，夫妻才能长久地保持性爱的火焰。

一边给予，一边享受

性爱是分两极的，这是完美性爱的另一个秘密。就像磁铁有S极和N一样，性爱也有两个极——给予快乐和接受快乐，只有两极相互吸引，欲望和快乐才能到达巅峰，性爱才会完美。

在两极性爱中，先由一方给予，另一方接受。然后，他们再转换角色，给予者停止给予，转为心安理得地接受。通过这样的方法，两个人最终都能得到自己想要的。

两极性爱的灵感，源于我发现男女之间的热身时间明显不对等。这给夫妻性爱带了很大的问题。

如果男人缩短前戏时间，直接进入主题，会让女人产生怨恨。但是等待女人兴奋的过程，又让自己沮丧。很可能性急的男人已经达到高潮了，女人还没有真正开始。长此以往，男人会逐渐丧失性爱的兴趣。男人工作一天下来，已经很累了，一想到还要做那么长时间的前戏，性爱的欲望就自动熄灭了。

同样，女人要想迷恋性爱，就需要培养一种放松的心情，不必担心自己是否可以马上进入状态。女人并不知道男人挑逗自己的性欲需要多长时间，也许，有时这个时间会很短。很多时候，女人不喜欢性爱是因为她不想让男人沮丧。

> 如果男人缩短前戏时间，直接进入主题，会让女人产生怨恨。但是等待女人兴奋的过程，又让自己沮丧。

两极性爱可以为夫妻性爱提供缓冲，解决热身时间不对等的问题。男人不会因为需要花费大量的时间来照顾女人的情绪而沮丧，他可以做任何喜欢做的事，然后给女人必要的挑逗。女人有了性高潮之后，男人也将很快得到满足。

两极性爱开展的前提一般是男人欲望强烈，迫切需要释放自己的性压力，而女人只是要简单地来享受男人的狂野情绪。女人可能只是躺在那里，享受着男人对自己的痴迷，或者，她可以爱抚男人，让他情绪更加激动。很明显，男人正在接受快乐，而女人正在给予快乐。

大约十五分钟之后，男人示意女人停止对他的刺激。这时候，男人开始换极，他可以简单地把女人的手放在肩膀上来暗示。此外，他还需要轻轻地换到床的另一边去。

女人清楚每一个信号的含义，知道男人已经准备给女人带来快乐了。她放松下来，随着男人的运动，体会自己的身

体和快乐。男人需要记住，虽然他只需要两三分钟的刺激就足够了，女人却需要二十到三十分钟的时间。

刚开始实践两极性爱的时候，男人换极进入第二阶段可能很难，因为那时他已经兴奋得忘乎所以了。

从生理学的角度来看，男人和女人性高潮之后会有不同的表现。高潮过后，女性的快乐荷尔蒙保持在一个非常高的水平，她可以慢慢地回味。男人结束了就是结束了，身体很快会平静下来，快乐荷尔蒙也消失殆尽。

高潮过后，女性的快乐荷尔蒙保持在一个非常高的水平，她可以慢慢地回味。男人结束了就是结束了，身体很快会平静下来，快乐荷尔蒙也消失殆尽。

如果男人先射精，他就不会再有耐心为女人的高潮服务了。如果女人先有高潮，她不仅可以延续高潮状态，还可以更好地享受男人的高潮。

所以，在两极性爱中，也讲究换极的技巧，那就是女士优先。

性爱时也应女士优先

在很多人的心目中，情侣双方一起达到高潮才是完美的性爱。实际上，这并没有完全满足性爱的需求。男人和女人同时达到高潮，两人肯定都会只顾享受自己的高潮快乐，必然将伴侣的感受放到一边。这样一来，亲昵的情感也许会突然无影无踪。一分钟前，女人还沉湎在被男人关注的幸福中，一分钟后，这种幸福突然间停了下来，类似的感觉也出现在男人的意识里。女人逐步累积的快乐，是男人新奇的体验。那时候男人绝对分不出精力来体验这种新奇，这是生理所致。

如果男人关注女人达到高潮的时间，女人会格外兴奋，她就可以随心所欲，不必非得调整、控制自己，这真是再好不过了。所以，理想的状态是，女人达到高潮后，男人再得到满足。

男人可以控制自己，他可以让女人先有高潮。等到女人高潮过后，女人也可以同男人自由地分享快感。这就相当于两次完全不同的高潮，而不是一次单一的快乐。双方一起陶醉在女人的收缩里，也一起狂放于男人的爆发中。

要是男人体验自私的快乐，那么，女人的注意力将从点滴的累积过程中分散出来。即便女人达到了高潮，男人也无法体验她的性爱乐趣了。因为男人一旦释放，负责性快乐的荷尔蒙将在瞬间杳无踪迹。

两极性爱至少保证女人可以每次都得到性高潮。有时，女人可能发现自己根本不想要高潮，但是由于男人已经十分

尽力了，又没给她任何必须有高潮的压力，女人也会因此而非常满足。

两极性爱的最大好处就在于，男人在第一阶段得到了想要的快乐后，女人会自然而然地认为该轮到自己接受快乐了。如果没有这种理直气壮的感觉，有些女人很难有一次高潮。

很多时候，女人只是一味地给予，很难心安理得地接受。在性爱中，她可能一直想着男人的需要，以至于没有时间考虑自己的感受和需要。这种现象完全是潜意识的。

一次，我在研讨会上谈到这一点时，一个女人突然变得非常激动，大声惊呼：“天哪，我真不敢相信……就是这样的！”我停下来，问她有什么想法，她给我讲了这样的故事：

> 我刚刚意识到为什么我只享受过一次性高潮。
>
> 我今年四十二岁了，这么多年来我只有过一次。我一直不明白，但是现在我知道了。大概六年前，我的伴侣想要跟我做爱，但是，我却非常怨恨他，因为我在我们的性生活中付出的太多了。后来，在他一再坚持下，我决定只接受和享受被抚摸的乐趣。他为我做了所有的事情，我却什么也没为他做，这是我生命中的第一次。我告诉自己，这是我应该得到的。后来，我真正享受到了性爱的乐趣。

现在，我知道为什么我只有过一次高潮了——我太在意给予他快乐了，我应该关心一下自己。即使我没做什么取悦他的事，他也会非常高兴。

其实，几个世纪以来，金星人一直怀有这样的恐惧，她担心自己的存在没有多少价值，她自怨自艾，觉得不值得被人所爱。这种消极心理，极易使女人受到彻头彻尾的伤害。

强烈的自卑主宰着金星人的心灵。她不敢主动提出请求，让对方带给自己满足。为此，她不断地付出，不断地给予，她总是将伴侣的需要置于自己的需要之上，而宁可自己含辛茹苦。如果女人始终摆脱不了这样的心态，如果女人不将自己从无休止的“牺牲”中解放出来，不幸的结局就永远不会结束。

正如研讨会上那位女士讲的那样，只有女人理直气壮地接受时，她才真正可以享受性爱。两极性爱帮助女人大胆地接受，因为她在给予男人快乐之后，就该享受快乐了。在两极性爱模式中，女人更加放松，性高潮也会接踵而至。

男人掌控，女人放松

男人学会控制自己，女人就可以自由地享受性爱。女人越是知道男人控制着全局，就越能放松身心，尽情享乐。这

是两极性爱的另一个优点。

在两极性爱的第一阶段，男人得到了自己的快乐，但还不彻底，还留有余味。第二阶段，女人知道剩下的时间都是自己的了。她可以放松下来，享受男人倾其所有的给予。有时，在第一阶段，男人需要停止刺激，平静下来。这时，男人必须及时。他可以加强对女人的刺激，把女人的快乐上升到同他一样的水平。

实际上，女人达到高潮后，她就可以最大限度地享受男人。对女人来说，这是一种完全不同的感受。高潮之前，她集中精力体验攀登巅峰的快乐；高潮之后，她在性欲之巅与自己的伴侣一起跳舞。

不仅女人放松，男人也不再担心自己的表现。他可以在一分钟后，也可以在十分钟后，达到高潮。对女人来说，如果自己先满足了，就不会在乎男人到底能坚持多长时间。

两极性爱让双方都赢得了时间，获得了满足。

让女人狂野的最好办法

男人具有很强的目的性和功利性。男人希望通过最有效的方式，给女人最大的快乐。所以，女人将要达到高潮时，几乎所有的男人都会选择继续刺激她，帮助她越过界限，登上巅峰。然而，这种效果往往并不理想。

其实，给女人更多快乐的秘密就是：带她接近高潮，然后慢下来，减少刺激，再卷土重来。这是让女人狂野最好的办法。

每次女人越来越接近高潮的时候，她的欲望也越来越高。她的身体也会为即将到来的高潮做好准备。男人不断地让女人准备着，却不让她爆发，这好比是一种特殊的酝酿和前戏，女人可以体验更疯狂的高潮。满足了女人以后，男人的性快感也会因为等待而强烈。

女人可以通过这样一些暗号："我要……"，向男人暗示她正徘徊在高潮的边缘。这个词有两重含义："我要高潮"或者"我要更多的快乐"。男人收到这个信号后，可以选择继续，让女人达到性高潮；或者减缓对她的性刺激，三十秒或者几分钟之后，重新开始，给女人更多的快感。

男人暂停的时候，并不意味停止性爱了。他可以用充满性欲的方式继续抚摸女人的身体。这种缓冲可以帮助女人积蓄快感的能量，让最后的爆发像海啸一样猛烈。

发掘快乐潜能

我们在高潮边缘徘徊得越久，得到的快感也就越强烈。对此，我经历过类似的体验。

我的一个朋友开了一家治疗疼痛的诊所。为了缓解慢性

疼痛，医生会先在病人身体的某个部位施针。然后，一股电流将通过那根针进入病人的身体。一个小时之后，电流加大。虽然，我没有慢性病痛，我还是想亲自试验一下。

医生在我的胳膊上扎了一根针，然后慢慢加大电流，直到我感到灼痛。我示意医生电流太大了，让他们适当减小电流，直至保持在一个非常舒服的状态。

十分钟后，护士过来，扭了一个旋钮，电流突然增加了一倍。我马上感觉出有所不同，却没有什么灼痛感。

电流在我能容忍的范围之内，保持了十分钟。这让我的身体有时间适应和调整，准备接受更大的电流。仅仅十分钟之后，我就可以接受两倍的电流了。我感到非常吃惊。

十分钟后，那个护士又回来了，再次增大了电流。二十分钟之后，我已经可以轻松地接受三倍的电流了。

以后每过十分钟，电流就增加一次。一个小时之后，我可以毫无疼痛地接受六倍的电流了。通过慢慢地适应，我的身体可以承受这么大的电流，的确是一个令人惊喜的结果。

第二天，我又到那家诊所，以昨天最初的电流继续实验。然后，我决定不等十分钟，马上加大电流量，结果，我被电着了，烧伤了自己。

类似的实验也可以应用到性爱中。如果我们有时间积蓄快乐的能量，然后适应，然后再积蓄，那么，体验快乐的能力就会惊人地增强。这样停停走走，我们增强了自己接受快

乐的能力，因此可以品尝到更多的快乐，达到更强烈、更满足的高潮。

有时间的话，不停地积蓄并适应快乐吧，那样你将享受全身心的高潮。如果你只是为了性欲而性交，那么，也许性高潮仅仅属于你的生殖器，而不属于你这个人。

性爱菜单

在两极性爱种，有多种性爱模式可以选择，就像一张样样俱全的菜单，你既可以点快餐，也可以选择家常小炒或精美大餐。

男人给女人高潮前，至少应该让她冲锋到高潮的边缘两到三次。这是完美性爱的开胃餐，大约花费三十分钟的时间。健康的家常式性爱也要三十分钟。前五分钟给男人，接下来的二十分钟给女人，最后五分钟，两个人躺在一起，享受爱情的甜蜜。

我们知道，性爱可以在相当短的时间内，让双方都能得到满足。用几个小时的时间性爱，任何人的激情都会熄灭。在我们忙碌的生活和工作中，很难找到那么多时间。不过，即使再忙，一周安排出一次或两次半个小时的时间是绰绰有余的。

除了家常式性爱之外，享受至少两个小时以上的性爱

(精美大餐式）也是很重要的。在精美大餐式性爱中，两个人可以轮流刺激对方，把对方带到高潮。在此过程中，夫妻可以延长前戏的时间，直到女人再也忍受不住为止。

对男人来说，精美大餐式性爱不仅很棒，还可以训练他控制自己的性能量。这种训练可以给他带来更多的乐趣。

几次冲锋之后，高潮的迫切性减少了，你将尽情地享受每个时刻，每种味道，每次呼吸和每个微弱的声音。此外，你还将更深入地体会夫妻间的爱情力量。

在精美大餐式性爱的过程中，情侣将在第一阶段花费更多的时间。男人可以几次达到高潮的边缘。在随后的第二阶段，女人开始一次又一次地接近高潮。之后，两个人可能又回到第一阶段。最后，他们的身体逐渐放开，承受更多的性爱电流，同时他们还可以享受接受和给予的快乐。

除了家常小炒和精美大餐外，三到五分钟的性爱快餐也是必要的。快餐式性爱看上去只对男人有好处，只是为了男人的快乐，实际上，对女人也有一些特别的益处。女人不能接受长时间的刺激，所以，快餐式性爱在情感上，弥补了女人心灵深处的某些空隙。如果女人清楚地知道她将经历有规律的家常式性爱和偶尔的精美大餐式性爱，那么，她也会愿意偶尔体验一下快餐式性爱。

在我教授怎样进行快速性爱，以及为什么需要快速性爱时，不仅是男人，女人也对我表示感谢。下面是一些女士对

我说过的话：

“现在，我们做爱的时候，即便我没有情绪，也不用假装。我可以暗示他‘我们进行快速性爱吧’。他不会为此沮丧，我也不用解释什么。”

“它真是太棒了，有时我只想接近高潮或被他拥抱，但同时我也希望可以满足他。体验快速性爱，我也体验了游离于高潮边缘的快感，这是以前从来没有过的。”

“他终于明白，有时我只想要性爱，而不在乎性爱是否建立在性高潮的基础上。”

“快速性爱太棒了。我再也不必担心自己的状态了。有时候，我们打算快速性爱，我却被挑逗了起来。我想让他抚摸我，他也会非常高兴地转变性爱方式，给我带来高潮。没有快速性爱，我就永远也不知道自己的性欲是很健康的。”

“过去我常常告诉他，我不用非得有高潮，但我确实喜欢在他性欲旺盛的时候和他做爱。原来他会很沮丧，似乎每次都在勉强我一样。后来，他听了你关于快速性爱的讲座后，所有的一切都变了。别人告诉他，他才能真正懂得。现在，我再也不用每次都假装了，我开始享受性爱的乐趣。我觉得自己现在比原来更容易达到性高潮了。”

“有时候我不想进行冗长的性爱，想越过几个阶段，现在我不用再假装高潮了，我可以直接告诉他‘我们进行快速性爱吧’，几分钟后，我们就可以结束了。”

"即使我没有性爱的情绪，我也很喜欢挑逗他的性欲。我往往主动发起性爱，我还会告诉他不用照顾我。感觉他对我的那种渴望和欲望是非常棒的。"

现在，很多书都在研究高潮的次数。虽然这些书也帮助了一些夫妻，但是也加大了女人假装高潮的压力。其实，在我们忙碌的日常安排中，一次高潮就足够了。

很多女人对只有一次高潮表示非常满意，有时候，多不一定就好。如果女人仅要求一次高潮，那么男人也会更加自信，因为男人感觉"我做到了，我完全满足她了"。

一些女人的高潮一个接一个。男人最开始的时候觉得这样很过瘾，但过一段时间之后，他就会发现，自己不得不不停地给予她高潮，好像永远也满足不了她。慢慢地，性爱对双方都变成了消磨时间的拉锯战，失去了原始的魅力。

有时候一些女人会在我的研讨会上问我，她们需要多次高潮才能满足。十次或者更多的高潮之后，她们还是想要，男人却不行了。

如果女人是多次高潮类型的，那么我建议她可以来一次猛烈的高潮。她可以在高潮来临之前给伴侣一个暗号，让男人减少对她的刺激，积蓄她的能量。这样反复多次，女人最终冲上巅峰的时候，一定非常兴奋，发现一次高潮就足够了，而不会渴望更多。。

现在，我讲授完美性爱，但同时也冒着这样的风险：男人似乎听到一个方法就认为它是最好的方法。这是一种非常男性化的观点。男人喜欢找到一个公式，然后千篇一律地按照这个公式来做。虽然持续使用一种模式对男人来说没什么大不了的，但对女人来说，效果就大打折扣了。

第8章

Mars and Venus in the Bedroom

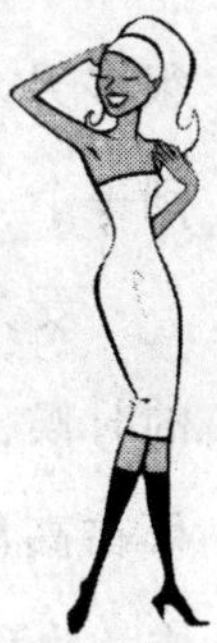

男人惯性，女人随性

完美性爱的另一个秘密就是多样化。女人希望每次性爱都有所不同，男人却试图寻找一种模式，一旦奏效，他会一直遵照着走下去。这就是男人和女人的差别：女人随性，男人惯性。

男人的方针是："如果东西没有坏，就没必要修理它。"很多男人认为冒险尝试新情况会有很大的压力。男人希望找到一个一成不变的模式，好让自己在性爱中放松下来。

女人恰恰相反，女人只有在不知道男人下一步要做什么的时候，才是最兴奋的。男人爱抚女人的时候，除非女人正处在高潮的激荡之中，否则，以同样的手法不停地摸来摸去，也许女人会认为男人在为她催眠。

对男人来说，是否改变节奏和运动轨迹并不重要，对女人来说，却存在着天壤之别。充满变化的性爱会让女人的大脑停止运转，全身被美妙的感觉填满。女人被男人引导着探索快乐时，绝对不会质问男人为什么把她挪来挪去，她全身心被性感和好奇所驱使，"接下来我们会做什么呢？"这样的期盼让女人非常兴奋。

性爱也要有季节

就像四季更替一样，性爱也要有所变化，这样才能确保趣味性。若想要这种变化自然地发生，女人必须醉心于男人

对她的爱，她需要知道，男人喜欢她用不同的方式表达对性爱的感觉。

对女人来说，性行为是先发现、然后感觉良好的过程。她不想双方的性爱严格地遵照一个可以预知的计划进行。她喜欢每次性爱都是自然而然的，喜欢性爱吻合两个人的感觉。

男人则不同，他们本能上更倾向于已经尝试和验证过的模式，这样他确信可以满足伴侣的需求。女人也想让男人知道该做什么，却期盼男人的应该成为女人的偶然。

女人想让男人知道，她每次的情绪都可能不同；

女人想让男人知道，怎样和她一起探索她的需要；

女人想让男人知道，敏感可以帮助男人带她进入更高的性爱满足和快乐状态。

要达到这些，男人必须掌握完美性爱的基础，并愿意尝试不同的方法和技巧。男人需要非常熟悉性爱的基础颜色，然后再开始尝试将它们融合成一件艺术品。男人像音乐家一样，必须先熟悉音符和节拍，才能组合出美妙的音乐。

做足前戏

性爱就像垒球比赛。一场垒球比赛，有时候结果并不重要，过程中的期待才会让人激动不已。谁会攻垒？球会被接住吗？谁将击球？谁将得分？谁会胜利？

性爱中的前戏就像垒球比赛中精彩的过程，也会让女人对性爱和高潮充满激动，从而变得兴奋不已。这样，不仅可以让女人满意，还可以使性爱深入人心。

前戏就是一种全新的体验。上帝赐予女人温润的身体，男人直奔主题是很粗鲁的。男人在前戏上下足功夫，女人的快感就会成倍的增加。不要忘了，女人需要的前戏时间是男人的十倍。

随着年龄的增长，男人可能比年轻时需要更长的时间才能激起自己的性欲。女人则不同，有时候年龄大了需要的前戏时间反而会减少。

男人必须记住：女人的满足，不取决于男人做了什么，而来源于他做了多久。如果男人已经进行了三十分钟的前戏，女人仍然无法进入状态，不要放弃，再坚持一会儿的话，女人肯定会更好的。为了帮助男人知道他该怎么做，女人可以给男人一些明确的反馈。她就可以这样和男人说：

“我真的非常喜欢这样。”

“我知道已经很长时间了，但这感觉真好。”

“我还不想让你放弃，我喜欢这样。”

还有，当女人把自己融入到男人的抚摸之中，默默地享受这种快乐时，男人可能会因为毫无战果而焦躁不安。这时

候，女人可以用这样的话帮助男人平静下来：

“我知道我很安静，但是我真的很喜欢这样。”

“我真的非常喜欢你现在做的。它可以帮我放松下来，真正放开自己。”

“噢，这正是我想要的。”

听到类似于这样的确认信息，男人可以毫不犹豫地继续了。男人需要女人积极的反馈。

多种模式，也可以随心所欲

正如我们前面讨论过的那样，有些男人如果不依赖一种模式的话，很难真正在性爱中随心所欲。其实，男人可以找到很多种模式，然后变换着使用，这样就能解决这个问题了。男人完全可以这次使用这种模式，下次再换成自己喜欢的另一种模式。

这样既满足了男人强烈的目的性，也满足了女人的猎奇心理。男人在各种各样的方式和技巧中切换时，女人还会因为不熟悉而好奇，男人则因为清楚地知道下一个步骤而信心倍增。实践几次之后，男人就会自然而然发明出更多的技巧和方法来。这样，机械性爱就越来越有自发性和创建性了。

男人习惯了在性爱中不再那么机械，行为不再是可以预料的时候，女人就有机会探索和表达自己当天独特的性爱情绪。她的性爱就会完美地转化成自然性爱，并自然地对男人的动作做出反应。如果女人每次都可以自由地变化，时间一长，就像天气一样，她的性爱表达也会因时而异。如果性爱是为了保持兴奋的感觉，那么女人的自然改变就具有重要的意义。

自然的性爱，自然的交流

男人引导着性爱方向时，女人就可以做得少一些，享受多一些。但是，这并不意味着她只是被动地躺在那里。放松下来，憧憬着甜蜜的爱，女人自然就会随波逐流，跟着自己的感觉走，享受性爱的真谛。就像跟着特别的音乐跳舞一样，她可以随着自己当天情绪的节奏和男人一起舞动。

有时，女人像蛇一样，盘绕在男人身边，缠住男人的身体，并引诱男人；

有时，女人回到了纯洁的处女时代，颤抖着体验男人的抚摸；

有时，女人开始的时候很冷酷、很保守，但渐渐地，她被男人的炽热激情所融化，自信起来，引导男人的抚摸，为男人做好准备，让他疯狂起来；

有时，女人平静地抱住男人，在男人温柔的抚摸下，陶醉于放松的空间中。

……

这些都是女人性爱的不同表达，没有经过计划或者仔细考虑，是随时的，随机的，自然的。女人自由地舒展性爱，这些不同的表达方式将自然而然地涌现。这样的性爱表达可以带女人体验全新的高潮。

自然的性爱，需要自然的交流，这是保持完美性爱的秘密之一。男人和女人都需要对方的明确反馈，了解怎样才能最大限度地满足对方。我建议夫妻抽出半个小时的时间，讨论一下你们的性经验，尤其是一方对性爱变得被动的时候。事实上，夫妻间几年进行一次这样的对话是一个很好的主意。

这里有一些问题可以引发你们的讨论。

“你跟我做爱喜欢什么？”

“我那样做的时候你感觉怎么样？”

“你喜欢一周有几次性生活？”

“你喜欢前戏的时间更长一些吗？”

“你喜欢前戏的时间更短一些吗？”

“下次我们做爱的时候，你想要我为你做些什么特别的事吗？”

“有没有你另外喜欢的抚摸方式呢？能让我感觉一下吗？”

“你想让我尝试一些新的技巧吗？”

“你愿意尝试一些从未用过的方法吗？”

“我过去做的哪些行为你很喜欢？想要我多做一些吗？”

除了正在做爱的时候，其他时间你们可以自然地谈一下。但是，要非常小心，不要把消极的感觉、抱怨和批评掺和进来。

有时，男人的需要可能让女人很失望，反之亦然，我们很难在床上讨论这些问题。与此同时，我们也不希望性爱变得越来越不舒服、不自然。面对这些问题的时候，非常重要的一点是：让对方知道你并不想强迫对方答应什么。

你不能将就不对劲的感觉，你的伴侣也同样如此。你的喜好不被伴侣所接纳，是很正常的情况。此时，毫无偏见地听听对方的感觉，是非常重要的事。与此相反，你的伴侣提出的一些意见，乍一听让你很不高兴，或者对你来说并不重要，这时候你要拿出宽广的胸襟来，完全可以这样说：“关于这一点，对我来说似乎是一个太大的改进，但我绝对会考虑的。”

完美性爱的秘密之一，就是主动地进行交流和沟通，不要怕遇到什么问题，也不要在意将失去什么。很多人都和我说，听了我的性爱讲座后，他们可以很自然地扔掉对性爱“过分规矩”的想法，开始真正享受和爱人做爱的感觉。

忠诚不是激情的天敌

对很多人来说，一辈子只和一个人发生性关系似乎有些乏味，他们想要寻求更多的性爱乐趣。当你们掌握了自然性爱，不再机械地循规蹈矩时，夫妻间的性爱就不一定无聊了。随着时间的推移，性爱的感觉也不停地变化，激情也会持续增长。

我的婚姻成功的秘诀，无疑是我们彼此的忠诚。很多男人都不理解为什么一夫一妻制非常重要。其实，一夫一妻制可以让女人终生觉得很特别，觉得自己一直被丈夫深爱着。如果女人不再有被爱的感觉，她对男人的那扇窗户也就关闭了。信任是女人保持性爱兴趣的法宝。

男人可以很轻易地对有魅力的女人产生性爱的情绪。因此女人终身保持对男人的吸引十分费力。好在仅仅靠性是吸引不住男人的，男人还需要感觉到女人对自己完全开放，需要感觉到他让女人幸福的成就感。

欲望的潮起潮落

最初，从女人看男人的眼神里，男人可以清楚地知道，自己就是可以给她带来幸福的人。眼神给了男人莫大的勇气，甘愿冒着被拒绝的尴尬，开始追求这个女人。

后来，男人在性爱中几次让女人失望，女人就不再那样注视男人了，男人也不再认为自己可以给她幸福了。突然或逐渐地，两个人之间的吸引力消失了。男人可能还爱她，但对她已经没有“性趣”了。

男人开始幻想和别的女人做爱，或者压抑自己的性爱。男人仍然处在家庭的框架中，可是激情却荡然无存了。

男人开始幻想和别的女人做爱，或者压抑自己的性爱。男人仍然处在家庭的框架中，可是激情却荡然无存了。

感觉不到伴侣的性爱吸引力，就好比阴天没有艳阳高照一样。但是，阴天并不代表太阳不存在，太阳只是被暂时遮住了而已。阴天的时候，就是诱惑叩响我们大门的时候。夫妻关系中暂时没有了吸引，往往就会被别处的“风景”所迷住。

如果你理解了火星人和金星人的天然差异，就不会对男

人兴趣的变化大惊小怪了。男人就像橡皮筋。将橡皮筋延长，只要没超过弹性限度，一松手，立刻就会反弹回来——对于理解男人的“亲密周期”，这是个完美的比喻。男人“亲密周期”的过程是：亲密—疏远—亲密。

女人常常惊奇地发觉，即便男人深爱她，也会周期性地“逃避”。之后，他对女人更为亲近。这是男人的本能使然。他不时产生逃避的冲动，不是一种决定，不是蓄谋已久的抉择，只是偶然的“外遇事件”。男人的逃避，不是他的错，也不是女人的错！它从属于一种天然的循环或周期。

男人的疏远和逃避，经常让女人产生误解。对于女人而言，有了逃避之念，通常缘于下列情形：她不信任男人，觉得男人不了解她的感受；她受到男人的伤害，害怕再次受伤；男人做了错事，她极度失望。

毋庸置疑，男人也可能由于同样的原因疏远女人，但问题在于：即使女人表现正常，无懈可击，他也可能企图逃避。典型而常见的情形是：起初他对她爱意绵绵，对她信任有加。忽然间，男人显得烦躁不安，六神无主。他开始疏远她——橡皮筋正在拉长！他不愿与她聊天，甚至对她不理不睬。一段时间以后，他又恢复常态，再次对她亲热起来——橡皮筋自动反弹回来了！

不要纵容你的性欲和幻想

保持夫妻间激情的最好办法就是，不要纵容你的性欲和幻想。

有时，我也会对别的女人感兴趣。这并不代表我不爱我的妻子，只意味着我的注意力没有完全锁定在妻子身上。只有经过几年的磨砺，男人的激情才会只留给伴侣。

对别的女人产生兴趣的时候，我会看看自己的下身，想："我很高兴它还很正常。"然后，指向一个相反的方向说："回家，约翰。"

这就是"我的原则"。

我从来不认为对别的女人感兴趣是一件多么可耻的事情，但是，我会把冲动保留下来，全部带回家，给我的妻子。如果回家之后冲动已经消失，我就知道应该使用高级卧室技巧了，要让妻子觉得很幸福、很特别。慢慢地，对妻子的迷恋就会重新回到我的身体。

这样的方法将我对别人的性欲引向妻子，我对她越发着迷了。还有，当我离开她的时候控制性欲，我就能更好地控制自己。

如果一个男人既可以感觉到激情，又能控制性欲，那么，女人就可以放开自己，抛却禁锢，尽情地让男人来满足她。男人学会了控制性欲后，不仅让自己的伴侣得到更多的满足，还能使自己体验更多的性爱快感。

男人控制性欲的时候，就意味着他急需释放，甚至可以很快达到高潮。实际上他忍住了，这就意味着他有能力最大限度地满足伴侣的激情。

控制让男人更自如

这样的控制不仅限于床上，还要延伸到生活的每个角落。男人收敛来自外界的诱惑，理性地把性欲转向他的伴侣，女人就会有一种特别的安全感。

当男人抵制其他女人的性爱诱惑，自觉地保持对妻子的忠贞时，他实际上正在为他的伴侣营造一个安全的心理和性爱环境。他学会了控制自己的能量，没有沉迷于别的女人，因此，他可以延缓释放的过程，保持对自己伴侣的渴望与激情。当然了，想象可能会充斥他的脑海，但只要一看到自己的伴侣，他的激情和控制将会继续增长。

有些男人可以很轻松地控制自己，但激情可能会减少很多；而有些男人则会异常兴奋，激情四溢，却不能有效地控制。一旦他们开始做爱，很快就会结束，但这种高潮不是整个身体的高潮。使用两极性爱的技巧可以帮助男人持续的时间更长久。常年充满激情的一夫一妻制生活，让男人学会控

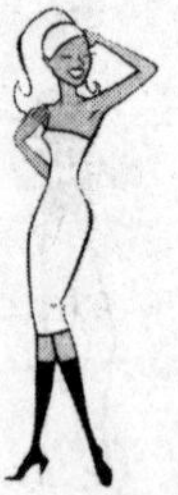

制自如。

正如男人可以影响女人释放自己一样，女人也愿意接受男人的抚摸和信任来帮助男人控制自己。

当女人臣服于一个男人，并完全接受这个男人的时候，男人就可以很容易地控制自己渐长的激情。女人放松下来，享受男人的抚摸，可以让男人持续更长的时间。只要女人完全接受，他就可以一直给予。

女人，不要试图控制男人

如果女人试图控制局面并挑逗男人，实际上她已经无意中使男人失去了控制，熄灭了热情。男人一心一意地给予女人，女人却试图给予，而不是接受，这实际上就阻止了男人的能量，迫使男人能量回流，使他还没有做好准备就达到了高潮。

如果女人试图控制局面并挑逗男人，实际上她已经无意中使男人失去了控制，熄灭了热情。

女人回应男人的动作，不对男人进行挑逗，男人控制的激情就会增长。但是，如果女人对男人有技巧的抚摸做出虚假的反应，男人就感觉不到激情的增长，还可能突然失控。要么太过激动而射精，要么太过消极而失去兴趣。不管怎么样，男人都不知道发生了什么，女人也不知道。女人对男人的抚摸表现得过分兴奋，事实上只会让男人失去兴趣。

一天下午，多纳德和科妮进行了非常完美、记忆深刻的性爱。事后，多纳德表达了自己的喜悦之情。他尤其喜欢科妮主动时的样子。他感觉自己已经让科妮疯狂起来，自己只需要躺在那里，让科妮自由的表达她的激情。

两天之后，他们再次做爱，科妮马上开始像上次一样。多纳德却丧失了兴趣，不管科妮如何努力，都不能使他重新振奋起来。

多纳德无法理解到底什么地方不对劲儿。接着，他意识到上次自己非常受用的那种方式，是科妮被他挑逗后自发的运动。而这一次，科妮只是机械地照搬上次的模式，就有些挑逗和控制的意味了。科妮充满激情的运动和感觉，不是对多纳德的一种自然反应，而是对他的刻意取悦。

其实科妮很无辜。她只是做了多纳德原来喜欢的事情。讨论过后，科妮知道，最能激起多纳德欲望的是她真实、自然的表达，尤其是在多纳德试图取悦她的时候。认识到这一点之后，科妮更加相信自己自然的性爱反应了。

选择慢下来

一般认为，真正的男人应该勇往直前，不断深入女人的身体内部。事实上，情况恰恰相反。女人很高兴让男人失去控制，这对她也是一种刺激。

> 女人很高兴让男人失去控制，这对她也是一种刺激。

当男人需要暂停，女人会觉得自己成功地让男人兴奋起来了，觉得男人很会考虑她的感受。

男人放慢脚步，使自己的能量和快感与女人保持同一节奏，是完美技巧和控制的一种表现，同时也可以增加女人的快感。在性爱的过程中，有时男人不用刺激女人， 也能恢复这种控制。男人可以让女人主动一些，让女人运动自如。当女人沉迷于自己感觉的时候，男人放松了下来，控制权也就重新回来了。

很明显，女人是跟不上男人的步伐的。有时候女人似乎是跟上了，她会集聚自己的激情，希望可以取悦于他。这个时候，男人往往会失去控制。这种事情发生的时候，双方都不会很高兴的。

错误不可避免，我们也不能期望每次性爱都完美无瑕。如果男人偶尔在女人高潮来临之前射了精，他也不必感到难过，相反，他可以提醒自己，下一次要注意了。

他可以戏谑地说：

“我欠你一次，宝贝。”

“今天晚上我实在是难以抵抗你，下次我保证你会有高潮。”

“我爱你，下次我全给你。”

这样，最好就不要再讨论了，就像一切正常。如果男人很失望或者闹情绪，女人最好假装一切都很好，让他一个人待一会儿。如果女人够聪明的话，她就应该知道，这样才是处理这种尴尬情景的最好方式。男人基本的爱情需求之一，是女人的鼓励。女人应该信任男人，言语之间不可流露出任何不屑之态，尤其是在性爱这种敏感的事情上，否则极有可能让男人丧失性信心。女人积极的态度，可使男人获得动力，成为真正的自我。男人得到女人的鼓励后，他会回报给伴侣更多的爱、理解和安慰。

突然“停电”的男人

男人很容易失控，也不会马上勃起。单凭经验来说，这时他应该更加侧重挑逗女人的快感。随着女人快感的增加，逐渐失去控制，男人也就重新控制了局面。夫妻通常会把这个问题集中在男人身上，认为这是他的问题。女人越是试图让男人勃起，男人就越难勃起。

有时候，找顾问会有一定的帮助，但是，一旦发生这种事情，最好先忽略男人的失控，多关注一些男人帮助女人体验爱情的方法。然后，他们再次做爱的时候，双方就会更加关注女人的满足，而不是仅仅依赖于男人的勃起。

其实，男人不必勃起也能分享性爱的快乐。最好的解决办法就是，先侧重男人用什么技巧挑逗女人，自然而然，男人也就重新勃起了。

虽然在性爱中摒弃机械很重要，但是，确切地理解性爱的基本机械步骤也是必要的。下一章中，我们将探讨保持浪漫的不同行为。

第9章

Mars and Venus in the Bedroom

浪漫一生，幸福一生

还是那句话：男人来自火星，女人来自金星，你们是不一样的。

男人渴求完美性爱，女人期盼浪漫爱情。

浪漫对全世界的女人都有一种魔力。没有浪漫，就没有女人。大多数时间，女人也在工作，并且为家庭和事业操心，这让她更男性化。所以，她在潜意识里需要她的伴侣帮她找回女性的那一面。浪漫把女人置于特殊的、被呵护的女性角色中，这就让女人表现出温柔乖巧的本性，找回女性化的一面。

浪漫不仅让女人更柔美，也让男人更男人。因为在浪漫中，男人承担起了呵护的责任，哪怕是一张小小的卡片也具有极大的浪漫价值。因为这种行为本身就是男性特征的体现。按照金星人的评分标准，一张小小的卡片和一辆汽车一样，都代表关心和呵护，都是男人特征的体现。

女人的浪漫需求

要满足一个女人的浪漫需要，首先需要理解什么是浪漫。收到卡片、鲜花或者小礼物；月光下的夜晚；同时做出的决定……对女人来说，都是浪漫。

通过这些浪漫的举动，女人明白了自己在男人心目中的位置和重要性，就会感受到爱和力量。男人满足了女人的爱

> 通过这些浪漫的举动，女人明白了自己在男人心目中的位置和重要性，就会感受到爱和力量。

情需求，她对他也越发信任，开诚布公，直抒胸臆。结果是皆大欢喜。

男人刚认识女人的时候，可能会浪漫一些，向女人证明她是多么特别。后来，他会慢慢忽略这些小小的浪漫。男人不认为这些取巧的花招能够对女人有什么实质性的益处，而更愿意用一些男人认为比较实在的行动来表达自己的爱。可见，并不是男人不想浪漫，只是不知道浪漫如此重要。

有一次，我让妻子去花店买一些花回来，我知道她喜欢花。但是过了很久，她也没回来。我突然想到，她可能在逛街，然后顺道把花捎回来。

后来我才知道，以这样的方式送花给她，绝对谈不上什么浪漫。女人自己给自己买花是不会觉得浪漫的，她想让爱人给她买，甚至不想主动要求。如果女人主动提出要花的话，也就变成不浪漫的事了。

男人主动给女人买花，表明他在乎她，知道她的要求，这是浪漫的重要组成部分。女人不想要盆栽的长期养着的花，而是要五天后就会凋谢的花。为什么呢？因为五天之后，男人会再次出去买花，以此来证明对女人的爱情。

买盆栽的花可不是那么浪漫的，这只会让女人又多了一件必须照料的东西。

有时，我忘了买花，邦妮会提醒我。她不会自己给自己买，也不会直接问我要，而是把空的花瓶摆出来。这样，我就会注意到少了什么，并会因买花回家而受到表扬。

不仅我觉得很浪漫，她也会更多地体会到我对她的关心。如果她摆出了空花瓶，而我仍没想起来，那么邦妮就会问我要了，但她还是不会自己买花回家的。

虽然她要花就不那么浪漫了，但她还是很感激我带花回家。我也能深切体会到自己在她内心变得更重要了。我知道鲜花让她非常高兴后，我记住了买花。

别让花儿谢了

男人计划约会、订票、开车以及注意这些小细节的时候就是一种浪漫。男人担负起照料的细节，女人就能放松下来，尽情享受被爱护的滋味。就像一次小小的旅程，能帮助女人重新找回女性的温柔一样。一次浪漫的约会，不用男人刻意提醒有多么美好，女人就能感受到男人的欣赏、崇拜、理解和支持。

浪漫让她不用交谈就尝到甜蜜的滋味。而要让浪漫鲜活起来，最终则要靠良好的交流。

保持浪漫，女人必须每天都沉浸在男人的聆听和理解之中。在恋爱开始的时候，女人不了解男人，她却总在幻想以后美好的日子。积极的想象成为浪漫和激情的沃土。经历了几次失望后，她的幻想就渐渐破灭了。

如果男人失去仔细聆听和理解女人的耐心，而女人又不愿同男人分享她内心的感觉，最终，女人会认为没人保护她，从而丧失了激情。

如果男人失去仔细聆听和理解女人的耐心，而女人又不愿同男人分享她内心的感觉，最终，女人会认为没人保护她，从而丧失了激情。通常，女人自己都不知道这是为什么。男人的浪漫是绞尽脑汁搜刮出来的，她绝对无法拥有被呵护的感觉。如果女人觉得男人没有时刻关注自己，那么，花也失去了它的力量。

交谈是女性的一种特殊需求。我在另外几本书中对此做了详细的解释。建立一些浪漫的行为，表达出“我爱你，我在乎你”，对爱情的交流来说，比任何语言都要持久。在浪漫的支撑下，交流会变得更加容易。

浪漫的拥抱

我和邦妮之间有一些行为，不仅可以滋养她女性柔美的一面，也能够突出我男性阳刚的一面。

每天邦妮回家的时候，我会马上放下手头的工作，站起身来，迎向邦妮并给她一个拥抱。正如送花这样的小动作可以表达我关心她、宠爱她一样，邦妮总是为这样的迎接方式感动，而我也感受到了爱和感激之情。

如果我忘了跟她打招呼，她会找到我，但不一定立即来找我，让我给她一个拥抱。

对多数女人来说，非得要一个拥抱的做法好像有点荒谬。不过，一个拥抱确实可以让女人感受到来自男人的爱。当然，男人主动拥抱女人，就浪漫多了。但是，如果男人忘记的话，那么女人最好主动要求拥抱，而不是遗漏过去。

我还记得邦妮第一次让我拥抱她的情景。拥抱是我们爱情的转折点，从此我们的关系更上一层楼。以后，即使我忘了拥抱她，她也会主动找我，而不是一个人生闷气。

拥抱对我来说也是非常珍贵的爱情礼物。邦妮知道，爱我的最好方式就是帮我成功地爱她。这是一种非常重要的高级卧室技巧。

一天，我站在橱柜前，她的声音听上去有些歇斯底里：“噢，这是怎样的一天啊！”

然后，她深呼吸了一下，长叹一声。她正在暗示一个拥抱，而我听到的则是一个疲惫的女人，错误地以为她可能想安静地呆一会儿。

对我的无动于衷，邦妮并没有抱怨，相反，她迈出了关键的一步，说出了她自己想要的。她说：“约翰，你能抱我一下吗？”

我的反应非常迅速：“当然了！”我径直走向她，把她紧紧抱在怀里。

邦妮在我的臂弯下又长叹一声，感谢我给她的拥抱。

“怎么了？”我问。

“你知道要求一个拥抱有多难吗？”

“真的吗？如果你想要，我随时愿意给你一个拥抱。”

“我知道，但自己主动要求你抱我总觉得有些不好意思，好像在乞求爱情一样。我想要你渴望抱我，就像我渴望让你抱一样。我能想象这样的浪漫画面，你注意到我需要一个拥抱，然后主动过来抱住了我。”

“一切从现在开始。我真的很感激你的主动要求。如果将来有一天我忘了的话，希望你还可以主动向我提出要求。”

我觉得有点孤独

就在今天早上，我注意到邦妮对我似乎有点冷淡，可是我并没有做什么让她反感的事。

我问：“你没事吧？”

邦妮说：“我觉得有一点孤单，真像作家的妻子。”

听到这话之后，我没有把它当作一场争吵的导火索，争

论我花在写作上的时间和花在她身上的时间哪个多。相反，我认为我听到了实话，她真的感觉有一些孤独。我想，除了想得到一个拥抱外，她没有别的意思。因此，我没有为自己辩护，而是对她说："噢，亲爱的，到这里来……让我抱抱你吧。"

很明显，我的选择和做法是明智的。我并没有同妻子争论，因为我明白，男人和女人来自不同的星球，他们的语言也不相同。哪怕是同一个词，在火星人和金星人那里所表达出来的意思往往相差十万八千里。

例如，女人经常说："谁都不关心我！"这样一句话，男人听到耳朵里就变成了："我很不快乐！我渴望关心，却事与愿违。我的失望和沮丧，你是无法体会的！你何曾关心过我，考虑过我的感受？你是我的男人，爱我，是你的权利，也是你的义务！你应该觉得羞耻，因为你对我的爱越来越少！人生真是不公平，我对你激情如火，你对我却冷冷冰冰。我多么在乎你，你却对我视而不见！"

其实，女人使用"从不"等一类的词汇，只是表达不满的方式，决不能视为一种事实。"谁都不关心我！"这句话所表达的真实意思是："我今天好像被你忽略了，你眼里根本没我这个人。谁注意到我的存在了呢？当然，我知道你们都看见我了，可谁也不来关心我．你知道我有多失望吗？你最近很忙，工作辛苦，我很感激你。可是有时候，对于你来说，我似乎无关紧要。你的心里只有工作，很少想到我的感受。亲爱的，抱抱我，好不好？你能不能告诉我，在你的心里，我真是不可替代的吗？”这与男人的误解相差何其之大。

> “谁都不关心我！”这句话所表达的真实意思是：“亲爱的，抱抱我，好不好？你能不能告诉我，在你的心里，我真是不可替代的吗？”

因此，当邦妮对我说觉得有一点孤单，像作家的妻子时，我知道，女人的话里话外，不乏夸张的语气，戏剧化的色彩，倘若单纯从字面上理解，就很容易造成歧义。于是我没有像其他男人那样立刻火冒三丈，我听出了她话中的含义，明白她只是感觉有一些孤独，于是我用一个简单而饱含深情的拥抱来解决了这件事情。

晚　餐

主动提出你想要的，也是一种浪漫的行为。

每个周末，辛迪的丈夫鲍伯总要带辛迪出去吃饭。鲍勃偶尔忘记的话，辛迪会说：“鲍伯，今晚你愿意跟我出去共进晚餐吗？”或者说：“鲍伯，你愿意出去买点东西回来，咱们晚上吃吗？”

他们在外面吃完饭，辛迪总是会感谢鲍伯给她带来的美味晚餐。即使不是丈夫一人掏钱，辛迪也会感谢鲍伯。如果鲍伯将食物买回家或者下厨做饭的话，辛迪同样会感谢他。

还有一个小小的礼节。一起出去吃饭，男人应该先问女人想吃什么，服务生过来的时候，先给女人叫她喜欢的食物。当男人这样做的时候，这顿晚餐就会变得非常特别。

男人为女人点餐，并不是说女人自己不能点。这是一种浪漫的行为，女人会知道男人在乎她，记得她喜欢吃什么。

在餐馆中制造浪漫氛围的另一个方法是男人建议女人吃一道菜，他知道这道菜是她爱吃的。这样可以让女人感受到关注和理解。相反的情况就很糟糕，如果女人建议男人吃什么的话，男人可能会觉得女人像自己的妈妈，这就不那么浪漫了。所以，对女人浪漫的事情未必适合于男人。

女人的称赞是男人最大的浪漫

两个人出去吃饭，女人创造浪漫的一个办法就是尽情地享受晚餐，然后对食物或者餐馆大加称赞。

晚餐也是女人让男人觉得他自己很特别的黄金时机。男人邀请女人进餐，从感情上说，是男人想讨好女人。如果女人喜欢这顿晚餐的话，男人就会很高兴。如果女人感谢男人精美的安排时，男人也会觉得和女人的关系更亲密了。

两个人一起去看电影，而电影又是女人所喜欢的，那么男人再次讨好成功。他会想："是的，我写了这部电影，我导演了它，我就是男主角。"当然，理智上男人知道自己和这部电影毫无关系，但在浪漫的情绪上，男人会想象这一切都是他做的。

如果女人不喜欢这部电影的话，一定要考虑一下男人的感受，不要去破坏男人制造的浪漫。因为，相互赞美是恋人增进吸引、萌生爱意的最好途径。无论是夸奖男人，还是赞美女人，只要记住一个基本规则就可以了，那就是，男人想要听到女人的感谢，而女人则想要受到男人的崇拜。得体适宜的赞美使女人如饮甘霖，令其陶醉。而及时的认可和感谢就是最动听、最高层次的赞美，让男人颇感自豪。约会中的男人尤其喜欢听到女人说这样的话："噢，我度过了一个多么美妙的夜晚呀！"或者"你选择的餐厅可太棒了，这里的晚餐好吃极啦！"亦或是"这场电影简直太过瘾了，音乐效果妙极了，真想再看一遍！"每当听到这种赞美，他就志得意满，觉得自己没有白费心思，精心准备的这一切都是值得的，约会成功对他来说，就是最大的回报。

记住，男人只有在他给女人带来幸福的情况下，才会感觉浪漫。

记住，男人只有在他给女人带来幸福的情况下，才会感

觉浪漫。

有时候，男人可能会察觉出女人不喜欢这部电影，他问女人："你喜欢这部电影吗？"其实，男人这时并不想得到一个确切的答案，只是想听到一些赞美的话，让他觉得自己并没有浪费这个夜晚。

女人要在这个脆弱、尴尬的时候安慰男人，她需要在电影中寻找一些她喜欢的细节加以赞扬。她可以停顿一下，让男人感觉自己正在准备品评。女人停顿的时间越长，男人就越清楚其实女人并不喜欢这部电影，也就越感激女人没有抱怨。过了一会儿，女人找到自己喜欢的判断后，她仍然可以很诚实地说："我真的喜欢落日的那一幕，非常美丽。"

即使实在找不出什么可以称赞的镜头，女人也可以说："我觉得从来没有看过这样的电影。"男人听到后就会心领神会，马上改变话题。

女人这样说的效果更好："我只是喜欢和你在一起。"男人绝对会感激女人的。

女人要是理解男人问的意图，就很容易说些赞美的评论，给男人留面子。

就像小礼物和关爱可以让女人产生浪漫的感觉一样，女人感激男人的所作所为时，男人浪漫的感觉也会更加强烈。

注意这些小事情可以建立持久的浪漫。若认为这是对方应该做的，浪漫感就会消失。

要浪漫，还是要诚实？

在一次讨论会上，我谈到看电影的场景，一位女士说：“我觉得那样不诚实，为什么不直接告诉他呢？”

我说：“我可以理解你的感受。为了让你更好地理解我说的情况，我问你一个问题。”

她微笑着点了点头。

我问：“妻子正在镜子前面试衣服，她问丈夫‘我是不是胖了？’，丈夫应该怎么回答？”她马上大笑起来，连声说她已经知道怎么回事了。

谈到浪漫的时候，有些事情，最好还是不要说，尤其是在一些敏感的时刻。夫妻感觉越来越迟钝的原因，就是他们没有从根本上理解彼此不同的感觉。男人可能会想：“我为什么非要一直给她送花呢？”而女人则这样想：“我为什么非要感谢他的晚餐和电影呢？”随着夫妻彼此了解的深入，这些小礼仪会变得更具浪漫性，它们是钟情、和善、考虑周到的表示。谈到浪漫的时候，有些事情，最好还是不要说，尤其是在一些敏感的时刻。夫妻感觉越来越迟钝的原因，就是他们没有从根本上理解彼此不同的感觉。

女人若不事先弄明白这些复杂的情况，她可能会毫无意识地在约会中让男人沮丧不已。

有一次，邦妮和我去看一场非常棒的电影。我们都很喜欢这部电影。给我留下深刻印象的不是电影，而是回家途中一对男女的谈话。

男人问女人是否喜欢那部电影，女人说不喜欢。男人的情绪马上低落下来，然后问："那你现在想做什么？"

女人说："我想站在电影院外面，告诉每个人，这样的电影有多糟糕。"我现在还记得那个可怜的家伙眼中失败的眼神。

女人根本没意识到她毁掉了本该出现的浪漫机会，这个男人以后绝对不会再带她去看电影了。

什么时候实话实说

说实话是亲密和浪漫的基本要素，但说实话的时机也很重要。持久的浪漫要求在合适的时间用合适的方法谈话，不能攻击或者伤害到你的伴侣。

成功的浪漫行为，从情感上要求夫妻彼此间的诚实，尤其谈论一些重要的事情。男人感激女人的时候，更容易倾听她的感受和需要，并做出充满爱意的回应。如果男人没有这种感动，那么，他听到女人谈论问题的时候，会觉得她正在指责自己。

对男人来说，倾听女人的感觉是一种新的技巧。传统上，女人一般不会指望男人倾听她的感受。女人伤心的时候，男人会“做些什么”而不是“说些什么”让女人感觉好些。所以，当女人需要感情上的慰藉时很少找男人谈，而是去找其他的女人。直到现在，女人还是不太情愿和男人讨论她们的感受。

所以，当女人需要感情上的慰藉时很少找男人谈，而是去找其他的女人。直到现在，女人还是不太情愿和男人讨论她们的感受。

点燃浪漫的篝火

现在，女人没时间向伴侣倾诉衷肠了，她觉得被很多事压得喘不过气来。同性间的交流也在日益减少，在工作中，女人不得不以一种目的性极强的方式说话，很多女人非常渴望找人分享自己的感受。这种新的困境实际上以一种神奇的方式成为制造浪漫的机会。

正如我们前面所讨论的，男人觉得自己被需要和被感激是他们情绪的主要动力。当女人可以保护自己，不依赖外界的时候，一个大问题就出现了。非常现实地说，男人们失业了，他们做了几千年的工作就这样没了。

尽管女人不再仰仗男人，也不再将男人当作提供者和保

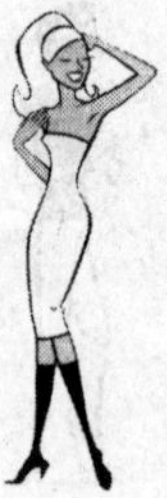

护者，但她们却突然出现了一种新的需求：需要一个可以交谈的男人，一个真正懂得倾听的伴侣。

我们应该时刻记住的是，男人来自火星，女人来自另一个星球金星，因此他们处理问题的方式也是截然不同。当压力到来时，火星人会把想法憋在心里，很少向人倾诉，这时他的精神和意志高度集中，变得沉默寡言。形象一点来说，火星人遇到压力时，就会迅速进入自己的“洞穴”。金星人面对压力，一时间不知所措，她心情紧张，容易情绪化。为了轻松和解脱，她会和她信任的人呆在一起，将苦恼娓娓道来，以摆脱消极情感的控制。她喜欢将感受和盘托出，与人分享，这使她感觉良好。这是金星人特有的宣泄方式。

营造浪漫就像点燃篝火，需要从细微处经营。你不能一上来就烧大木头。你必须要有一点纸片，然后加引火柴，最后才是大块的木头。要让婚姻关系保持激情，我们需要每天都从纸片和引火柴开始。

下面我讲的是一些浪漫的润滑剂，也就是能引发性爱之火的纸片和火柴。

交 流

有时，倾听和交流成了女人感受浪漫的前戏。如同性爱将男人和他的感觉系在一起一样，交流则将女人和她对浪漫的渴望与感激连接起来。在过去的二十年中，夫妻间缺少交流成为女人抱怨的根源。原因很简单：过度操劳的女人需要更多地谈论她们的感受，以此来应对巨大的压力。夫妻间缺少交流成为女人抱怨的根源。通过学习与伴侣谈话，男人可以以一种全新的、但却重要的方式慰劳女人。当然，学会倾听也很重要，假如男人不想让她陷入困窘之境，而想让她释放压力，就要耐心地倾听，真诚地交流。他的倾听和交流，能使其心灵更加开放，让她的压力逐渐减轻，直至彻底消失。如果他尽可能耐心地、长时间地倾听，她定会对他感激不尽。男人帮助女人从压力中释放出来，女人便有充分的理由感激他、爱他。

打开车门

浪漫的行为习惯可以让你表达内心深处最真切的情感。主动为女人开车门就是一种浪漫的行为。对男人来说，做这样的事情是表现爱情的一种方式。女人会感谢男人的努力，男人也可以借此有效地拉近和女人的距离。浪漫的行为习惯可以让你表达内心深处最真切的情感。情侣们出去约会的时候，男人应该先帮女士打开车门，然后再自己上车。女人想要提醒男人做这件事情的话，可以在下次一起朝车走去的时候挽住男人，那么男人就自然而然地护送她到车的那一边，并为她打开车门。

女人挽住男人的这种非常女性化的举动——对两个人来

说，都非常受用。

互 动

女人经常向男人提出某些要求，有时，男人一时无法肯定地答应女人，那么，趁着这个时机制造浪漫吧！将女人的要求记录下来，并且要当着女人的面把它记下来。不这样做，女人就不得不记住这些要求，并时不时提醒男人。男人够浪漫的话，即使不能立即满足女人，至少可以记下它，这么做，女人就会觉得很浪漫。这种行为让女人觉得男人的心在她这里。正如男人喜欢女人在性爱中有所配合一样，女人也喜欢男人对这些小要求积极配合。

制造浪漫的最好办法就是“马上行动”，所以，无论什么时候，在几分钟内立即满足女人的要求，这种感觉对女人来说真是太棒了

制造浪漫的最好办法就是“马上行动”，所以，无论什么时候，在几分钟内立即满足女人的要求，这种感觉对女人来说真是太棒了。举个例子，当女人说“楼上的灯泡坏了”时，男人制造浪漫的契机来了，他应该立即告诉女人：“我现在就去换。”这些小事对女人来说意义重大。在我不知道这点的时候，我会把换灯泡放在“要做事情”清单的最下面，因为其他的灯还亮着。直到不能再拖延了，我才

会去换下那个坏灯泡。

其实，男人只需要两分钟就能换好一个新灯泡。女人有类似于这样的小要求，其实是在给男人机会，聪明的男人会马上行动。女人就喜欢男人这样做。

我并不是说男人要站在女人旁边，随时等候女人的召唤。当然了，男人可能会很忙，或者很累，他们也需要为自己做一些事。如果女人说院子里很乱，男人不必马上跳起来开始整理，这种类型的要求要用几个小时来实现。那么，它就可以写在浪漫清单上。

女人创造浪漫的方式，就是不要以为男人为她做的每一件事情都是天经地义的。当然，有时女人会忘了表达谢意，就如同男人有时对女人的要求没有立即付诸行动一样。但是，能主动意识到这些基本的浪漫行为，就是在朝正确的方向走去。

夫妻间不断地练习保持浪漫的活力，创造浪漫也就变得越来越容易。当男人因做对了某些事而受到女人的感激时，他就会有更多的激情继续做事。同样，男人聆听女人的谈话并做出回应，女人也会对男人的努力倍加感激。这样，即使男人有时候犯错或者偷懒，女人也更容易谅解男人。

女人的鼓励让男人知道他做的这些小事很重要，因此也会更加尽心去做。失去了女人的鼓励，男人可能无意识地又开始只注意那些大事情了，比如说挣钱啊，事业啊什么的。

男人为女人做一些小事的时候，女人可以趁此机会不停地品味男人的爱意。即使男人深爱着女人，但是生活中如果没有这些细节，女人也很难感受来自男人的浪漫。

浪漫的行为需要时间慢慢探索，当男人养成了浪漫的习惯，并且得到女人慷慨的感激时，男人就会自动做更多的事情了。

散　步

男女之间，有着不同的“记分法则”。

男人通常以为，他为女人做一件大事，比如买一辆新款汽车，或者带她去度假什么的，女人就会兴高采烈，为他打出很高的分数。假如做的是琐细小事，比如替伴侣开车门，为她买一束花，给她一次拥抱，他的得分就会很低。

而在女人心目中，所有的礼物都是等价值的，与样式无关，与体积无关，与色彩无关。每件礼物，不论体积大小，只能赢得一分。女人最需要的，不是价值连城的大礼物，而是处处的体贴和关怀。

最初，罗伯特是个工作狂，谢尔问他愿不愿意散步，他总是说不，因为他要工作。

一天，罗伯特意识到散步只需要十五分钟的时间，既然谢尔喜欢，那么两个人一起散步，可能会让他们更甜蜜。他还记得谢尔难过的时候，说过这样的话：“我们太忙了，都

没有时间留给对方了。”

罗伯特尝试着开始陪谢尔一起散步。刚开始，他还没有什么感觉，但是现在他越来越喜欢散步了。他可以从繁重的工作压力中暂时解放出来。谢尔本来应该抱怨罗伯特一直想着工作，但她没有这样，她并没期望罗伯特勉强地给她更多，而是明智地尽情享受和他在一起的时间。谢尔会满足于谈论路边的树木有多美丽。

很明显，罗伯特每天陪着她散步与罗伯特辛苦工作所能带给家庭的收入，在谢尔心中的价值是等同的，分数也是相同的，罗伯特十五分钟散步的功效可能要超过他十五天的工作带给谢尔的效果。

因为散步可以让谢尔高兴，罗伯特也慢慢地越来越喜欢散步了。现在，即使谢尔不在身边，罗伯特也会一个人出去散步，这是他很好的休息机会。他回家的时候，会变得更加轻松，头脑清醒，并且工作效率也大大提高了。

了解到女人的“记分法则”，对男人来说不啻于福音。轻轻巧巧几件小事就可以收获女人的感激和依恋，埋头于“大事”终日辛苦的男人们何乐而不为呢！

电影夜

菲利普和劳瑞保证每周至少有一个晚上，抛开家庭和工作的压力，一起出去，尽情享受。当然，有时他们也会出去几次，一般都在周二晚上。

周二晚上是他们的电影之夜。两个人都喜欢看电影。每隔一周，他们还做一些更有文化气息的事情，比如一起看戏剧或者听音乐会。

这些浪漫的行为对于女人尤为重要，女人会因此产生一种安全感，感觉到来自情感上的特殊支持，使她们足以应对工作中的种种压力。

和朋友出去玩

克雷格每周都要和他的朋友一起看一场“男人”的电影。而克雷格的妻子塞拉是不喜欢这种电影的。

虽然看上去这种行为对两个人的感情培养似乎毫无作用，但它确实从侧面收到一定的功效。距离产生美，离开塞拉的时间让克雷格觉得他是完全自由的。结果呢，他更想念塞拉，更想和她在一起。

塞拉对此完全理解，她也经常和她的朋友一起出去。克雷格承认让塞拉从她的朋友那里寻求自由是非常重要的，这样的话，她就不会太依赖克雷格，也不会觉得空虚。

塞拉也接受克雷格和他的朋友一起出去玩，这让克雷格感觉到了她的信任。过去，克雷格单独出去活动，塞拉会觉得伤害了自己。现在，如果克雷格忘了和朋友的约会，塞拉还会提醒他。

小木屋

设想一下，你们去森林里过一个浪漫假期。你和爱侣坐在小木屋里，太阳已经下山，木屋外漆黑一片，阒无人声。木屋内壁火熊熊，你们都期待着一个浪漫的夜晚。这时，你们听到了一个声音。这声音听上去有点恐怖，因为天色已晚，你们又独自在森林之中。这可能是一头逡巡的大黑熊，也可能是不请自来的盗贼。突然又响了一声，不过这次的声音比上次还大。你们都意识到，总得有人要出去看看是怎么回事。

设想一下，如果他这么说："亲爱的，我很害怕。你可不可以出去看看是什么在响？我就坐在电话机旁，如果你大声呼叫或是很久不回来了，我就打电话求救。"

她走出去查看是什么在响。结果发现是只小浣熊掉进了垃圾桶。等她回到木屋，告诉他没什么问题的时候，他说："外面这么黑，你还敢出去，你真是太好了。我还是有点害怕，你可不可以抱我一会儿？"

当她抱着他的时候，她心中是一种什么样的感受呢？在面临危险的时候，女人发现自己没有人可依靠。她还会觉得这是个浪漫的夜晚吗？

让我们把例子颠过来看看。外面漆黑一片，突然出现了一个声音，她说："亲爱的，我很害怕。你可不可以出去看

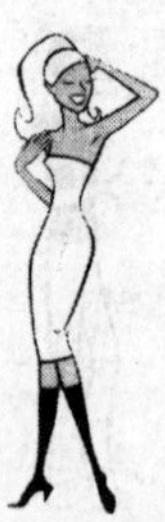

看是什么在响？我就坐在电话机旁，如果你大声呼叫或是很久不回来了，我就打电话求救。”他走出去查看是什么在响。结果发现是只小浣熊掉进了垃圾桶。如果他足够明智，就会再呆一会儿，确认自己的推测正确。等他回到木屋，告诉她没什么问题的时候，她说：“外面这么黑，你还敢出去，你真是太好了。我还是有点害怕，你可不可以抱我一会儿？”

现在，他抱着她。你认为今天晚上接下来会发生什么呢？他们肯定会度过一个最浪漫的夜晚。

为什么呢？因为这个时候产生了浪漫荷尔蒙。通过走出木屋去保护她和为她效劳，他的睾丸素和多巴胺直线上升。通过为她冒生命危险，他体验到了多巴胺的升高（能量、力量和愉悦）。通过信任和依赖他，她的血清素开始上升。这种信任和安慰的增加使得她肯定会慷慨地为他付出。于是她的催产素也会升高，她的心扉将进一步敞开。

生 火

查理和卡洛尔的一个浪漫行为是生火。过去，冬天的时候，查理冷了只会打开加热器。现在，他会先找到他的妻子，问她冷不冷。这样的关爱让女人觉得自己很幸福。

查理想要浪漫一些，就会提议生火。男人为女人生火的时候，会产生一些非常特别的情感。某种原始的感觉也会苏醒。这也是很多豪宅的卧室里都会有壁炉的原因。

他们搬进森林小屋时，卡洛尔就建议要做一些改变。查理认为她的提议好极了，同时，他也在想自己想要什么。

他想要一个可以烧天然气的自动壁炉。打开开关，壁炉自动就会点着。但是，卡洛尔对这种高科技不感兴趣。

卡洛尔说："听上去是个不错的主意。我知道你为什么想要这样的壁炉。"

查理认为卡洛尔已经同意他的想法了，很高兴。可是，卡洛尔接着说："你知道吗？你为我生火的感觉，非常特别。那是一种内心深处的原始的感觉。"查理清楚这些浪漫行为的力量，因此，他放弃了安装高科技壁炉的决定。现在，他很庆幸自己当初所做的决定。

查理在家中创造浪漫气息的方法就是生火。等到卡洛尔回家后，他搬来一些木头，然后，坐下来开始生火。

卡洛尔对查理的关爱感激不已，这种感觉对卡洛尔十分必要并且非常特别。有时候卡洛尔也会自己生火，但是，这样做却无法自动点燃他们浪漫的火焰。

搬木柴

如今，女人不再那么强烈地需要男人的照顾了。当然，男人仍然要为女人而努力工作，但女人也同样在努力工作。浪漫就是要让女人不孤独，让她感觉有人在等着她。男人直接为女人做的任何事，都将清晰地告诉女人他在乎她，他在

创造浪漫。

有一段时间，查理让杰弗每月来一次，帮他整理后院，把用来生火的木柴摆到屋子里。有时候，他也让杰弗代他生火。查理注意到，谁来生火对妻子的情绪影响很不一样。

> 浪漫就是要让女人不孤独，让她感觉有人在等着她。男人直接为女人做的任何事，都将清晰地告诉女人他在乎她，他在创造浪漫。

查理自我解嘲地说："我是付给杰弗工资的。"但卡洛尔并不在乎付钱的问题，从创造浪漫的效果看，女人就是想要体会她的伴侣为她而劳作的感觉。

这是浪漫行为非常重要的一个方面。女人喜欢看到她的男人为她劳作、牺牲。如果丈夫搬进沉重的木柴，并且花费时间为她生火的话，她就觉得丈夫正在尽心尽力地照顾她，这是被爱的滋味。

这与男人为别人工作，挣钱回家有很大的区别。男人努力地挣钱，把自己的能量和精力都放在工作上，而不是女人身上。要想浪漫的话，他需要将能量和精力直接花在女人身上。

倒垃圾

男人心甘情愿地做一些实际上并不想做的事，女人就会

非常感动，比如说倒垃圾。莱瑞过去从来不倒垃圾，后来，罗丝为此向莱瑞发火，他才勉强去倒垃圾。没想到，他的行动让罗丝十分感动。后来，莱瑞倒垃圾也就特别有劲并且自觉了。

现在，罗丝一旦有点冷淡或者情绪低落，莱瑞就四处寻找有没有需要倒掉的垃圾。从被迫到主动，是罗丝感激之情激励的效果。

这意味着莱瑞从大男子主义的台阶上走下来，开始为美好的生活而努力了。男人不是凌驾于家务劳动之上的。罗丝不是孤独的，莱瑞愿意帮助她减轻家务负担，这证明他在乎她。现在，莱瑞很乐意成为妻子的“维修工人”。

洗 碗

我和邦妮刚结婚的时候，我承诺愿意抚养孩子并做一些家务，但是我不喜欢洗碗。

我说：“我不喜欢洗碗，并不是我不尽心，我也不想这样。如果你也不喜欢洗碗，我们可以雇个人来做。”

邦妮说没问题的，她很愿意洗碗。她怀着我们的女儿劳伦时，每天晚上都会因为洗碗而筋疲力尽。我对她说，为了保证她的孕期休息，我愿意洗碗，但是以后，还要由她来洗。

每天晚上我洗碗的时候，邦妮都会感激万分。她的态

度，让我感觉好像因为我洗碗而非常伟大一样。几个月之后，劳伦出生了，我很高兴地把工作又交还给了邦妮。她再一次感谢我帮她洗了几个月的碗，并且不介意重新由她来做。

几周之后，我开始怀念邦妮感激我洗碗时的那种美妙感觉。于是，邦妮疲劳的时候，我就会到厨房帮她。每次她都很高兴，同时又可以放松一下。

现在，很多年过去了，我也经常洗碗。洗碗是我立刻能感受到邦妮爱情的一种途径。她从来不认为我洗碗是理所当然的事，总对我感激有加。

有一天，有人问我的孩子，谁在家里洗碗多。他们异口同声地回答："爸爸。"邦妮争辩是她洗的多，孩子们就争论了起来。我跟孩子们解释说事实上是邦妮洗的多。

我用一种顽皮的口气说："只有当人看着我的时候，我才洗碗。"就像所有的浪漫行为一样，洗碗是我帮助她、她感激我的一种方式，何乐而不为呢？

洗碗的妙用

有时候，我的妻子真的很累，没有整理厨房就上床睡觉了，我就会到厨房把碗洗了。这只需花二三十分钟的时间。第二天早上起床，看到干净的厨房，她会有一种难以言表的快乐和放松。她对我的爱恋马上就会涌现出来。

她会上楼用令人愉快的方式叫醒我。她温柔地抚摸我的大腿，在我耳边轻语："昨天是你打扫的厨房吗？"然后，她会微笑着为我提供一个最快乐的早上。

这并不是说每次我洗碗，她都会跟我做爱。那样就成做买卖了，就不浪漫了。

洗碗之所以转变为性爱，是因为女人尝到了被爱的滋味。自然地激发了性欲。我品尝她对我的感激，洗碗也成了满足我自己的一种行为。

文化活动

葛朗和塞罗莎把参加文化活动作为一种浪漫的行为。他们两个都喜欢看电影、戏剧表演或者听音乐会。葛朗用了几年的时间，才明白除了看电影之外，其他的文化活动对塞罗莎也很重要。以前，他一直认为他钟情看电影，塞罗莎也一定是这样的。现在，他们的浪漫行动由塞罗莎提议，葛朗负责安排时间和买票。

塞罗莎说，镇上要有一场表演。葛朗马上就能领会她的意思。他可能会说："嗯，一个不错的主意。我们下周四晚上去吧。"他这样的安排，总是能让塞罗莎不由自主地回味着葛朗的爱，感觉很浪漫。

葛朗还记得他第一次用文化活动创造浪漫的经历，那时，他还没意识到这样做的重要性。塞罗莎暗示葛朗，她想听交

响乐，葛朗就去买了两张音乐会的门票。

那是一场非常精彩的音乐会。结束后，他们开车回家，塞罗莎让葛朗大吃一惊。他知道塞罗莎很喜欢这场音乐会，但却不知道她到底喜欢到什么程度。

塞罗莎说：“非常感谢你，它真是太精彩了。”停顿了一小会儿，她接着说：“我想要。”

葛朗说：“想要？”

塞罗莎点点头：“是的。”

葛朗非常兴奋。车一开到家里的车库，他们就迫不及待地脱掉衣服，在车上做爱了。

第二天早上，葛朗就打电话订购了交响乐的季票。

赞 美

另一个浪漫的行为就是在女人打扮好之后赞美她。男人不注意女人的装扮，女人会变得非常沮丧。

卢西亚出门前，总要花很长时间打扮自己，她的丈夫史蒂夫就在楼下等着。卢西亚打扮好后，不慌不忙地走出来，站在楼梯中间，让史蒂夫看看她。

史蒂夫最初不明白赞美这种浪漫的行为。他

另一个浪漫的行为就是在女人打扮好之后赞美她。男人不注意女人的装扮，女人会变得非常沮丧。

说：“下来吧，我们迟到了。”这不是理想的答案。

卢西亚决定要帮助史蒂夫。下一次，卢西亚站在楼梯上的时候，她说：“我看上去怎么样？”

史蒂夫还没有明白，他说：“不错，快下来吧，我们迟到了。”

这一次仍然没有预期的答案。后来，史蒂夫终于知道了男人和女人之间的不同，他意识到了自己的错误。

现在，卢西亚展示自己的时候，史蒂夫会好好地欣赏她的美丽。有一些话，男人用它们来赞美女人最有效了。

“你看上去很美。”

“你今晚真漂亮。”

“我喜欢你穿这条裙子。”

“你看去上很迷人。”

“太惊人了，太惊人了。”

“你看上去很棒。”

“我喜欢你今晚的样子。”

“你看上去真的很好。”

“你的耳环真漂亮。”

“我喜欢你的颜色。”

“你真让人着迷。”

“你太美了。”

"你太好了。"

"你太性感了。"

"你今晚看上去真的很性感。"

"我喜欢你的腿。"

"你容光焕发啊。"

"你今晚非常可爱。"

"你光彩照人。"

"你看上去太高雅了。"

用这些赞美的句子时，不要吝啬添加一些形容词，比如"真的很漂亮"，"非常漂亮"，或者"如此漂亮"等。

牵　手

女人喜欢男人牵着她的手。男人在献殷勤的阶段，总是找机会牵女人的手，慢慢地，他不再去牵女人的手，这种浪漫也就消失了，这是一个很大的损失。女人喜欢以牵手的方式跟男人联系在一起。男人如果只在性爱的时候才抚摸女人，那样，女人就不会有爱的感觉。让女人对性爱保持积极的态度，男人就需要在没有性欲的时候，用充满爱意的方式抚摸女人。他可以握住女人的手，抱住女人，抚摸她的肩膀和胳膊，这样做并不暗示他想要性爱。如果男人只在性爱的时候才抚摸女人的话，女人就会有被利用的感觉，想当然地认为男人抚摸她是有目的的。男人握住女人的手时，应该专心一些。有时，男人不知不觉中忘记了他正拉着女人的手，而女人这时候感觉就像牵着一只没有生命的手一样。男人转移注意力的时候，应该放开女人的手。女人不想男人一边拉着她的手，一边东张西望。

> 如果男人只在性爱的时候才抚摸女人的话，女人就会有被利用的感觉，想当然地认为男人抚摸她是有目的的。

我常常充满感情地、频繁地抚摸邦妮，这使她也发生了很大的变化，我甚至无法相信这个简单的行为能有如此大的影响。我曾听说过，女人每天需要被毫无性欲色彩地抚摸二十次，以培养她的自尊心。我想我应该实践一下。开始的时候，我每天抚摸邦妮十次，果然非常奏效，她变得光彩照人了。现在，我会用更加充满爱意的方式抚摸她。

刚开始我抚摸邦妮，是因为她喜欢这样。不过每次我都能看到她陶醉于此。我想："多伟大的发现啊。"随着时间的推移，我真正喜欢上用这样的方式抚摸邦妮了。

抚摸让我们彼此更近，有时它还能缓解矛盾，让我们重新感觉彼此的爱情。

男人也需要一点引火柴

让浪漫永存，让激情之火熊熊燃烧，这是男人的责任。有的时候，男人也需要一点引火柴，需要女人的请求。

如果他忘记了承担这个工作，女人就不应该等待。她应该像在工作中一样，主动承担责任。不过这个时候，她所负的责任是把责任分配给他。也就是说，她需要向他提出要求，让他坚持下去，完成自己的任务。

在提出类似要求的时候，她一定要明确。抱怨自己不快乐或是他不够浪漫只会无济于事。她不能说："拿点浪漫的东西让我惊喜吧。"相反，她应该以最简洁的语言明确地提出自己的要求。

譬如，她可以说："让我们下个周末一起出去玩玩。我刚好有时间，我在你的日历上发现你也正好没什么安排。我想去纳帕山谷的阳光客栈，我喜欢他们的餐厅。我们可以在那里吃饭，第二天可以去镇上吃。你想不想订个房间？"

> 男人在献殷勤的阶段，总是找机会牵女人的手，慢慢地，他不再去牵女人的手，这种浪漫也就消失了，这是一个很大的损失。

有了对女性的浪漫需要这一洞见，男人就能

意识到他有力量给予她自己无法独立获得的东西。她对他的需要远远超乎他的想象。她面临着一个大问题，而他就是解决之道。她需要他。

浪漫其实很简单

所有这些浪漫行为都很简单，却有巨大的力量。它们让我们重新找到特殊的感觉和激情，这些只有在感情相连时才能找到。这些行为使男人更自信，确信他随时可以做一些事情来赢得伴侣的爱。同时，也让女人自信起来，男人满足了她的虚荣心和被爱护的要求，她就可以保持她的热情和吸引力。实践高级的卧室技巧，你将继续享受完美的性爱。

祝你们的爱情日新月异，祝你们享受上帝的礼物。你值得拥有。

图书在版编目（CIP）数据

男人进卧室向左，女人进卧室向右：男人来自火星，女人来自金星2 /（美）格雷著；刘增莉译. —长春：吉林文史出版社，2005.9（2008.6重印）

ISBN 978－7－80702－289－3

I. 男… II. ① 格… ② 刘… III. 爱情—通俗读物 IV. C913.1－49

中国版本图书馆CIP数据核字（2005）第100396号

男人进卧室向左，女人进卧室向右

男人来自火星，女人来自金星2

作　　者：约翰·格雷

译　　者：刘增莉

责任编辑：袁一鸣

责任校对：袁一鸣

封面设计：LZW1127

出　　版：吉林文史出版社（长春市人民大街4646号　邮编：130021）

网　　址：www.jlws.com.cn

印　　刷：北京鑫丰华彩印有限公司

开　　本：640×960毫米　16开

字　　数：135千字

印　　张：13

版　　次：2008年6月第2版

印　　次：2008年6月第1次印刷

书　　号：ISBN 978－7－80702－289－3

定　　价：20.00元
